모두의 사회
모두의 디자인

서비스디자인으로 풀어내는
사회혁신 프로젝트

모두의 사회 모두의 디자인

서비스디자인으로 풀어내는
사회혁신 프로젝트

임세연 지음

진인진

모두의 사회 모두의 디자인
서비스디자인으로 풀어내는 사회혁신 프로젝트

초판 1쇄 발행 | 2025년 8월 29일

지 은 이 임세연
디 자 인 최희진
발 행 인 김태진
발 행 처 진인진
등   록 제25100-2005-000003호
주   소 경기도 과천시 관문로92, 101-1818
전   화 02-507-3077~8
팩   스 02-507-3079
홈페이지 http://www.zininzin.co.kr
이 메 일 pub@zininzin.co.kr

ⓒ 임세연 2025
ISBN 978-89-6347-635-3 93320

책값은 표지 뒤에 있습니다.

이 책의 저작권은 저자와 출판사에 있습니다.
저작권법에 의해 보호를 받는 저작물이므로 무단 전재와 복제를 금합니다.

일러두기

이 책에는 같은 단어여도 문맥에 따라 다른 명칭을 사용하였다. 예를 들면 아래와 같다.
- '니즈'는 'needs'의 한글 표기인데, 사용자의 욕구나 요구사항과 원하는 바 등을 함축하는 단어로 사용하고 있다.
- 제품·서비스를 이용하는 당사자를 입장에 따라 '고객', '사용자', '이용자', '수요자' 등 다양하게 표현하고 있다.
- 일부 글에서 공급자를 '기업'으로 표현한 경우, 제품·서비스를 제공하는 주체를 의미한다.

프롤로그:
사회 문제, 다시 접근하기

우리는 지금 비약적인 기술 발전과 기후 위기가 맞물리고, 정치적 양극화가 심화되는 격변의 시대를 살고 있다. 특히 젠더 갈등, 세대 간 불신, 위계적 조직 문화와 같은 구조적 문제가 복합적으로 얽히며 사회 전반에 불안과 분열이 확산되고 있다. 이러한 갈등은 개인의 차원을 넘어 사회와 공동체 전체를 위협하는 수준에 이르렀으며, 더는 외면하거나 미루어 둘 수 없는 현실이다.

그러나 문제 해결의 기존 방식은 한계에 이르렀다. 소수의 '목소리 큰' 사람들이 내리는 결정은 현장을 반영하지 못하며, 현실과 동떨어진 정책은 시민이 체감할 만한 변화로 이어지지 않는다. 지금 필요한 것은 문제를 새로운 관점에서 보고 전혀 다른 방식으로 접근하려는 전환적 사고다.

1990년대 초, 제너럴 일렉트릭General Electric: GE은 오일 쇼크와 세계 경제 불확실성으로 기존의 장기 전략 계획이 무력화되는 위기에 직면했다. 당시 최고경영자 잭 웰치Jack Welch는 효율 개선으로는 생존할 수 없음을 깨닫고, '변화 가속화 프로세스Change Acceleration Process: CAP'라는 혁신적 변화 관리 방식을 도입했다. 그는 "우리가 바꾸지 않으면, 결국 다른 누군가가 우리를 바꾸어 버릴 것이다."라고 강조하며, 본사 중심의 일방적 지시가 아니라 현장의 리더와 구성원이 참여하는 방식으로 조직의 사고 방식과 의사결정 구조를 재설계했다. 이 발언은 그의 자서전『잭 웰치 끝없는 도전과 용기Jack : straight from the gut』에 수록된 핵심 경영 철학 중 하나로, 웰치의 리더십이 지향했던 사고 전환과 조직 혁신의 본질을 잘 드러낸다.

이러한 통찰은 비단 기업에만 해당하지 않는다. 영국의 사회혁신가 힐러리 코텀Hilary Cottam은 오늘날 복지와 공공 서비스가 직면한 위기를 지적하며, 우리가 "생각하고 일하고 조직하는 방식 자체를 완전히 다시 설계해야 한다"고 강조한다. 새로운 기술이나 제도의 도입만으로는 충분하지 않으며, 사람과 사람 사이의 관계를 중심에 두고 문제를 정의하고 해법을 함께 설계하는 방식이 필요하다는 점을 시사한다.

이제 문제를 가장 가까이에서 경험하는 사람들이 직접 참여하고, 스스로 해법을 만들어가는 참여 기반의 사고 틀이 필요하다. 특히 이해관계가 복잡하고 구조화된 사회 문제일수록 탑다운Top-down이나 외부 전문가 중심의 처방만으로는 효과를 기대하기 어렵다. 무엇보다 당사자의 관점과 현장의 맥락을 이해하고 이를 반영하려는 태도가 중요하다. 이 책은 이러한 문제의식에서 출발했다.

최근 사회 문제 해결을 위한 새로운 방법론으로 '서비스디자인Service Design'이 주목받고 있다. 서비스디자인은 문제를 겪는 사람들과 이해관계자들이 함께 그들의 실제 맥락 속에서 문제를 진단하고 해결책을 공동 설계하는 과정으로, 작지만 실행 가능한 실천을 통해 지속 가능한 변화를 추구한다. 특히 공공 영역의 서비스디자인은 다양한 이해관계를 조율하고, 여러 목소리를 설계에 반영한다는 점에서 유용한 접근 방식이다.

이 책은 서비스디자인의 개념과 철학, 적용 사례와 실행 전략을 중심으로 사회 문제 해결의 구체적인 방법을 소개한다. 공공 서비스디자인 관점에서 입문자도 쉽게 이해하고 활용할 수 있도록 국내외 다양한 사례를 통해 현장 적용 가능성을 제시하고자 한다. 또한 갈등과 구조적 문제에 대응할 수 있는 집단 역량 강화를 목표로, 실천적 방법론을 중심으로 다음 내용을 다루고 있다.

1장 「모두의 사회, 다시 설계하기」: 오늘 우리가 직면한 사회적 갈등과 공공성 위기를 성찰하고, 전통적 해법이 통하지 않는 현실에서 사회혁신의 필요성과 새로운 가능성을 조명한다. 공공성과 공동체가 흔들리고 있는 지금, 왜 기존과 다른 실행 방식이 필요한지를 탐색하고 사회적 가치 실현과 지속 가능한 생태계 구축을 위한 방향을 모색한다.

2장 「사회혁신 전략 '서비스 디자인'」: 사회혁신을 위한 새로운 전략으로서 서비스디자인을 제시한다. 가치사슬 변화와 산업구조 재편, 서비스 산업의 확대와 고객 중심 경영의 확산 속에서 디자인 개념의 진화를 살펴보고, 이를 바탕으로 서비스디자인의 철학과 핵심 개념, 그리고 사회혁신에 적용 가능한 구체적 실행 프로세스를 소개한다.

3장 「사회적 요구 탐색」: 사용자 경험 중심으로의 전환과 함께 사용자 니즈에 대한 오해를 짚어보고 '진짜 문제'를 발견하는 방법을 탐구한다. 디자인리서치의 다양한 접근법을 소개하고, 실제 사례와 리서치 도구를 통해 암묵적 니즈를 도출하는 구체적 방법과 절차를 안내한다.

4장 「사회적 디자인」: 앞선 탐색을 기반으로 아이디어 발산부터 솔루션 구체화에 이르는 과정을 다룬다. 아이디어 발산 기법, 솔루션 콘셉트 도출, 실행 가능성에 근거한 우선순위 선정, 그리고 구체적 해결 방안 개발로 단계적으로 발전하는 흐름을 제시한다. 최종적으로 솔루션 콘셉트를 콘셉트 보드로 시각화하고, 서비스 전반을 미리 보기 할 수 있는 서비스 청사진과 비즈니스 모델로 확장해 사회적 가치 창출을 위한 설계안을 제안한다.

    이 책은 사회 문제에 관심을 갖고 사회적 디자인으로 해법을 찾으려는 이들과 내용을 공유하고자 한다. '디자인'은 자칫 전문 영역으로 오해될 수 있지만, 오늘날 디자인은 단순히 실행 수단이나 시각적 완성도를 높이는 도구가 아니라 문제를 정의하고 해법을 만들어가는 사고와 과정이다. 정책·서비스·조직 운영처럼 비시각적 영역에서도 적용 가능한 문제 해결 프레임워크다.
    특히 서비스디자인은 이 관점을 전략 차원으로 확장해 문제 정의에서 실행까지를 하나의 흐름으로 연결한다. 사용자 경험을 중심에 두고 현장의 맥락을 구조적으로 파악해 구현 가능한 해법을 설계한다. 이를 위해 사용자 조사, 여정 맵, 서비스 청사진 등 도구를 활용해 얻은 요구사항과 개선안을 시스템과 정책 설계에 반영한다. 이러한 접근은 사회문제 해결을 목표로 하는 다양한 현장에서 직접적인 영향을 미친다.
    따라서 이 책은 특히 공공기관, 지방자치단체, 시민단체 등에서 공공 정책을 기획하는 이들은 물론, 사회 문제를 연구하고 실질적 해결을 모색하는 모든 사람에게 의미 있는 길잡이가 되기를 바란다.
    이제 더 이상 누군가의 결정을 기다릴 수 없다. 함께 문제를 정의하고, 함께 해법을 실험하며, 함께 더 나은 사회를 만들어가는 일에 우리 모두가 나서야 할 때다.

차례

프롤로그: 사회 문제, 다시 접근하기　　　06

1장 ○ 모두의 사회, 다시 설계하기

1. 사회 문제의 미로　　　18
　갈등하는 사회와 공공성의 위기　　　20
　복잡해지는 사회 구조와 사회 문제　　　22

2. 출구는 사회혁신　　　27
　사회혁신을 위한 디자인　　　28
　사회적 가치를 실현하는 비즈니스　　　35
　사회혁신과 공동체 회복　　　44
　지속 가능한 생태계　　　49

2장 ○ 사회혁신 전략 '서비스 디자인'

1. 가치 창출의 패러다임　　　56
　가치사슬의 변화　　　57
　제조업의 서비스화　　　64
　제품·서비스 통합 시스템 'PSS'　　　67

2. 서비스와 고객 중심 경영　　　74
　서비스 개념의 진화　　　75
　서비스 품질과 고객 만족　　　78

3. 서비스디자인	85
디자인 개념의 확장과 진화	86
서비스디자인 철학	90
① 인간 중심적 관점	93
② 공동 창조	98
③ 시각화 언어	100
사회혁신 서비스디자인 프로세스	103

3장 ○ 사회적 요구 탐색

1. 사용자 경험 시대	110
경험 중심으로의 전환	111
사용자 가치의 변화	116
2. 사용자 니즈	121
인간 욕구의 다층성	122
암묵적 니즈와 진짜 문제	124
3. 디자인리서치	128
사용자 리서치와 함정	129
디자인리서치: 사용자 탐구	139
사용자 깊이 이해하기	142
탐구 방법 ① Observe: 사용자 관찰하기	142
탐구 방법 ② Experience: 사용자 되어보기	148
탐구 방법 ③ Interview: 사용자에게 물어보기	154
4. 니즈 매핑	164
AEIOU: 관찰 기록하기	165
맥락적 분석: 육하원칙에 따라 분석하기	168
고객여정지도와 페르소나: 사용자 경험 파악하기	172

4장 ○ 사회적 디자인

1. 아이디어 발산	182
How Might We~?: 문제를 질문으로 바꾸기	186
만다라트: 아이디어 쏟아내기	190
솔루션 콘셉트 개발하기	193
2. 솔루션 콘셉트 선정	196
카노 모델: 사용자 가치 분석하기	197
포지션 맵: 실행 가능성 타진하기	203
3. 콘셉트 디자인	207
콘셉트 보드: 솔루션 소개하기	209
서비스 청사진: 서비스 미리보기	212
비즈니스 모델 혁신: 가치 정의하기	217
에필로그: 사회 문제, 모의 평가하기	224
미주, 참고 자료 및 문헌	228

서비스디자인은 누군가가 사용하기 전까지는
완성된 것이 아니다.

브렌다 로럴(MIT 디자이너)

거울 속에서 우리의 얼굴, 몸매, 옷차림을 보듯이,
그리고 그것이 '나의 것'이기에 흥미를 느끼듯이,
우리는 상상 속에서 타인의 마음속에 비친 나의 모습
—외모, 태도, 목적, 행동, 성격, 친구 등—을 바라보고,
그것이 어떤 인상을 줄지를 느끼며 감정적으로 반응하게 된다.

찰스 쿨리(Charles H. Cooley),
『인간 본성과 사회질서』, 제5장 「거울자아(The Looking-Glass Self)」

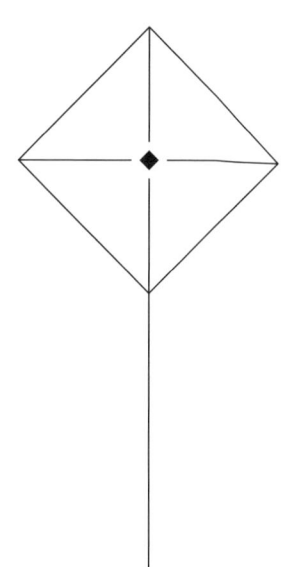

1장
모두의 사회, 다시 설계하기
Redesign Society for All

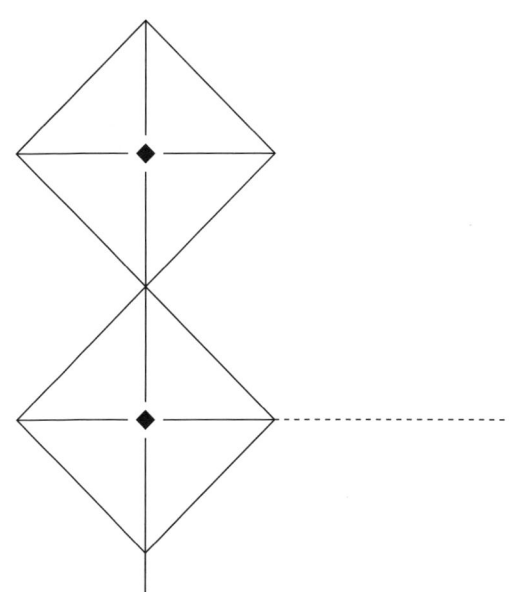

사회는 단순히 사람들의 집합이 아니라,
우리가 살아가는 방식과 생각, 관계, 제도, 문화가
끊임없이 영향을 주고받으며 형성되는 복합적 구조다.
켄 플러머는 사회를 고정된 실체로 보지 않고,
사람들이 일상 속에서 끊임없이 만들어 내고
재구성하는 과정으로 이해한다.
사람들은 서로 의미를 나누고
규칙을 정하며 관계를 맺는 가운데, 그 안에서
권력, 불평등, 갈등과 같은 구조적 요인들이 작동한다.
따라서 사회는 저절로 주어진 것이 아니라,
우리가 함께 구성해 온 결과이며,
끊임없이 되묻고 성찰해야 할 대상이다.

거시

지구 세계 가장 큰 틀
권력·세력·불평등·글로벌 흐름

↕

사회들 제도적 틀
국가·경제·종교·가족·법·정치 등 제도와 구조

↕

문화 문화적 틀 ⟷ **물질 세계** 물질적 기반
의미·상징·가치관·정체성   자연·환경·기술·인구·자원

↕

 중간

장·영역·삶의 세계
• 제도화된 사회 관계들의 장
• 관계, 규칙, 게임의 장 같은 것들

↕

사회적 행위와 실천 개인적 실천
우리가 어떻게 행동하고 상호작용하며 살아가는가

↕

체험된 삶과 주체성 가장 작은 단위
몸·감정·생각·말·서사 등 개인의 내면 세계

↙ ↘

미시 **시간**   **공간**
과거·현재·미래/순간/역사적 맥락   지역·도시·농촌·지리적 위치 등

'사회적인 것'의 흐름을 지도로 그리다
출처: 켄 플러머의 『사회학의 기초』(한울아카데미, 2017) 205쪽 인용.

1. 사회 문제의 미로

가끔 즐겨보는 TV 프로그램 중에 〈다문화 고부열전〉이 있다. 이주민 여성이 한국인 남성과 결혼해 가족의 일원이 되어가는 과정을 그리고 있다. 일상에서 벌어지는 크고 작은 문제와 문화적 차이에서 비롯된 갈등이 시청자의 흥미를 더한다. 결말은 공영방송다운 전개로, 갈등 당사자들이 서로의 감정과 니즈needs를 이야기하고 화해하는 장면으로 아름답게 마무리된다.

다만 이 프로그램은 갈등의 이해당사자를 시어머니와 며느리로 한정하고, 그 원인을 두 사람의 오해나 공감 부족 같은 개인적 차원에서 다루고 있어 아쉬움을 남긴다. 정작 다문화 가정이 현실에서 겪는 언어 장벽, 자녀 교육, 경제적 어려움, 사회적 편견과 차별 등 구조적인 문제들은 간과되어 있다.

한국 사회에서 결혼이주 여성의 본격적인 유입은 1990년대 중반 이후 동남아시아를 중심으로 시작됐다. 같은 시기 농촌과 산업 현장에서는 외국인 노동자가 새로운 노동력으로 자리잡으면서 이주민 문제가 점차 사회적 이슈로 떠올랐다.

특히 2016년부터 2018년 사이, 예멘 출신 난민 500여 명이 제주도에 입도한 사건은 이 논의를 전국적 사회 쟁점으로 전면화했다. 이들이 한국 정부에 난민 지위 인정을 요청하면서 이 사안은 첨예한 현안으로 부상했다.

여론은 찬반으로 뚜렷이 갈렸고, 인도주의 차원에서 이들을 난민으로 수용하자는 입장과 사회문화적 불안 요인을 우려해 입국을 반대하는 주장이 팽팽히 맞섰다. 여기에 특정 종교나 민족을 겨냥한 차별적 표현이 담긴 가짜 뉴스까지 판을 치며 갈등은 일파만파로 번져나갔다.

결국 이 사건은 청와대 국민청원으로 이어졌고 70만 명이 넘는 시민이 참여한 가운데 찬성 24%, 반대 56%, 모르겠다는 응답은 20%로, 난민 수용을 둘러싼 한국 사회의 인식 차이가 극명하게 드러났다.

이 사례는 한국 사회가 여전히 난민과 이주민을 제도적·정서적으로 수용할 준비가 되어 있지 않다는 사실을 단적으로 보여준다. 한국 법무부의 공식 통계에 따르면 2024년 기준 한국의 난민 인정률은 약 2.7% 수준으로, OECD 평균인 약 25%에 크게 못 미친다.

이는 한국 사회가 난민을 포함한 이주민 문제를 일시적 현상이나 경제적 부담으로만 인식하는 경향이 강하며, 포괄적·장기적 관점에서의 정책 마련과 사회 전반의 인식 개선이 시급하다는 점을 보여준다.

갈등하는 사회와 공공성의 위기

오늘날 이주민 문제가 큰 사회적 논란을 불러일으키는 주된 이유는 '이주민'이라는 호명 아래 인종 차별과 불평등, 일자리 경쟁, 문화적 갈등 등 다양한 이해관계자들의 요구와 불안, 불만 등이 복잡하게 얽혀 있기 때문이다.

국가 간 노동력 이동은 경제 흐름을 바꿔놓을 뿐만 아니라 부의 분배에도 중대한 영향을 미친다. 지역 간 경제 불균형과 인구 이동 또한 부의 집중을 심화시키는 원인으로 지목되고 있으며 이는 사회 불평등과 함께 공공성의 위기를 초래하고 있다.

그러므로 이 문제는 단지 개인의 태도나 편견 탓으로 설명될 수 없다. 급속한 도시화와 인구 이동 속에서 사회적 연결망이 약화되고 지역 사회의 통제 메커니즘이 무너지는 과정과 맞물려 나타나는, 구조적이고 복합적인 사회 문제로 인식해야 한다.[1]

사회 내부의 이해와 인식 차이에서 비롯되는 갈등은 서로 다른 민족이나 문화 사이에서만 생기는 문제는 아니다. 한국의 조직 문화 역시 예외가 아니며, 각자가 자신의 처지와 입장만을 고수하는 경직된 조직 문화에 세대 간 가치관 차이와 이기주의가 결합되면서 갈등이 증폭되었다. 이러한 갈등은 '갑질' 폭로와 고발로 분출되며, 결국 '생활 적폐'로 규정되기에 이르렀다. 국가인권위원회, 『직장 내 괴롭힘 실태조사』, 2022

특히 공직 사회에서의 갈등은 최근 젊은 공무원의 조기 이탈 현상으로 이어지며 심각한 사회 문제로 대두되고 있다.

인사혁신처 자료에 따르면, 2023년 기준 임용 후 5년 이내 공무원 퇴직자는 약 1만 3,566명으로 2018년 대비 두 배 이상 증가했다. 이 가운데 임용 1년 이내 퇴직자도 3,000명을 넘어섰다. 인사혁신처,

2023년 공무원 퇴직 통계 이 현상의 주요 원인으로는 위계질서 중심의 수직적 조직 문화의 비효율성과 세대 간 소통 단절 등이 지적된다.

이에 정부는 2023년 5월, 행정안전부 주도로 공공 부문의 비효율적 관행 개선과 조직 문화 혁신을 골자로 하는 「공공 부문의 일하는 방식 개선 종합계획」을 국정과제로 수립했다. 이는 제도 개선과 더불어 공직 사회 내 구조적 갈등과 세대 간 인식 격차를 완화하고 지속 가능한 정부 조직 운영을 도모하려는 노력의 일환이었다.

갈등 조정과 소통의 문제는 더 이상 공공 부문만의 과제가 아니다. 지금은 사회 전반에 걸쳐 풀어야 할 중요한 과제로 부각되고 있다. 기업, 학교, 지역 공동체 등 민간 영역에서도 비슷한 양상이 반복된다.

사회 규모가 커지고 구조가 복잡해질수록 세대 간 소통은 물론, 서로 다른 이해관계에서 비롯된 요구를 조율하는 일도 더 어려워진다. 특히 최근 소셜 미디어를 중심으로 벌어지는 페미니즘과 저출산 논쟁은 인식과 가치의 차이가 어떻게 정치적 지형까지 바꿔 놓을 수 있는지를 잘 보여준다.

문제는 이러한 복합적 갈등을 어디서부터, 어떻게 풀어야 할지 조차 막막하다는 점이다. 더욱이 일부 갈등은 개인의 문제에서 출발해 사회 문제로 확산되기도 한다. 청년 자살률의 증가•, N번방 사건, 1인 가구 증가와 노인의 고독사, 묻지마 범죄 등은 언론과 소셜 미디어를 통해 빠르게 퍼지면서 사회 전체가 이에 대한 책임과 대응을 요구받고 있다.

• 한국의 청년 자살률은 OECD 국가 중 가장 높은 수준이며, 2022년 20대의 자살률은 인구 10만 명당 24.5명으로 집계되었다.(보건복지부·통계청, 「2023 사망원인통계」)

사회 문제란 사회 구성원들이 공통적으로 인식하는 '공적 문제 public issue'로, 사회적 가치와 규범, 윤리 기준에 비추어 다수가 '옳지 않다'고 판단하는 현상을 말한다. 이때 국가나 지역, 집단의 문화적·역사적 배경과 가치관에 따라 문제가 다르게 인식될 수 있으며 개인과 공동체의 삶에 직·간접적으로 부정적인 영향을 끼친다. 그러므로 사회 문제는 결코 개인의 잘못이나 책임으로만 돌릴 수 없으며 우리 사회 전체가 공동으로 대응해야 할 사안이라는 인식과 함께, 구성원들의 적극적인 관심과 참여가 요구된다.

오늘날 사회 문제는 범위가 넓고 수많은 갈등 요소와 이해관계자가 복잡하게 얽혀 있어 구조적으로 해결이 불가능한 난제로 취급되고는 한다. 하지만 이를 방치할 경우 사회 전반에 더 큰 불안과 혼란을 야기할 수 있으므로, 문제의 범위나 중요도를 막론하고 해결을 위한 노력이 필요하다.

따라서 정부, 기업, 시민 등 모든 사회 구성원의 참여와 협력이 필수적이다. 지속 가능한 사회를 위해서는 단기적이고 이벤트성의 일시적 처방이 아닌, 더 근본적이고 구조적인 변화를 이끌어내야 한다. 그러나 기존의 익숙한 방식만으로는 복잡한 사회 문제에 대응하기 어려운 만큼 창의적이고 통합적인 새로운 전략이 절실하다.

복잡해지는 사회 구조와 사회 문제

사회society는 개인들 사이의 관계와 이를 매개하는 제도, 규범, 역할이 함께 빚어내는 복합적 구조다. 라틴어 '소시에타스societas'는 '동료'나 '협력자'처럼 친근한 관계를 뜻하는데, 이는 사회가 근본적으로 사람들 사이의 연결과 상호작용을 전제로 한다는 점을 의미한다.

다양한 사람들이 함께 살아가며 형성하는 관계망 속에서 사회는 끊임없이 변화한다. 현대 사회학자 중 한 명인 하워드 베커Howard S. Becker는 사회학을 "함께 행위하는doing things together 사람들을 연구하는 학문"이라 정의하며, 사회적 현상을 관계적인 것으로 보았다. 켄 플러머Ken Plummer 역시 『사회학의 기초Sociology: The Basics』에서 "우리는 서로 어떻게 연결되어 있는지를 끊임없이 질문하며 살아간다"고 설명하며, 사회란 마치 공기처럼 어디에나 항상 존재하는 관계의 장場이라고 묘사했다.

우리는 늘 다른 사람들과 연결되어 있으며, 개인의 사고와 행동 역시 사회라는 틀 안에서 형성된다. 심지어 우리의 몸조차도 사회적 함의를 지니며, 몸을 어떻게 드러내고 장식할 것인지에 대한 기대 또한 타인과의 관계 속에서 규정된다.

이처럼 개인은 독립된 존재라기보다는 타인과의 관계 속에서 사회적으로 구성되는 존재이다. 고대 그리스 철학자 아리스토텔레스가 말한 '인간은 사회적 동물'이라는 명제도 이러한 맥락에서 이해할 수 있다. 사람들은 서로 연결된 관계망 속에서 살아가고, 그 과정에서 공유된 가치와 신념을 토대로 집단과 제도가 정립되며 이는 사회 구조를 이룬다.

사회 구조는 겉으로는 잘 드러나지 않지만 교육, 가족, 경제, 종교 등 다양한 제도와 규범을 통해 우리의 일상 깊숙이 스며 있다. 영화 〈트루먼 쇼The Truman Show〉 피터 위어 감독, 1998에서 주인공 트루먼은 자신이 살아온 세계가 실은 인위적으로 조작된 통제 사회라는 사실을 점차 깨닫게 된다. 모든 것이 '쇼'였다는 그의 마지막 말은 우리가 자각하지 못한 채 받아들이는 사회 구조의 보이지 않는 영향력을 상징적으로 환기시킨다.

　우리는 사회로부터 말하고 행동하는 법, 옷을 입고 감정을 표현하는 방식을 배우고 이를 내면화한다. 겉보기에는 개인의 선택이나 취향처럼 보이는 것조차 사실은 사회적 맥락 속에서 형성된 결과인 경우가 많다. 사회 문제를 한낱 개인의 일탈이나 태도의 문제로만 해석해서는 안 되는 이유이다. 개인의 행동을 이해하려면 그 배경에 놓인 사회 구조와 맥락을 함께 살펴보아야 한다.

　사회 구조는 시대적 조건과 환경, 그리고 사람들 간의 상호작용 속에서 끊임없이 변화하고 재구성된다. 이런 변화는 사회 구성원들의 가치관과 세계관, 삶의 방식에도 깊은 영향을 미친다. 사회 구조는 고정된 틀이 아니라 다양한 요인에 의해 유동적으로 형성되고 끊임없이 변모하는 살아 있는 체계라 할 수 있다.

　근대 이후 사회는 더욱 역동적이고 복잡한 양상을 띠면서 서로 다른 가치관과 세계관을 지닌 다양한 집단이 공존하게 되었다. 구성원들은 학력, 성별, 연령, 직업, 경제 수준, 가족 구조 등 각기 다른 삶의 조건 하에 살아가고 그에 따라 형성된 관점과 요구도 한층 복합적으로 변화했다.

　한국은 1970년대 이후 급격한 산업화와 도시화를 거치며 경제적 압축 성장을 이루었다. 농촌에서 대도시로의 대규모 인구 이동과 함께 핵가족화가 진행되었고 여성의 노동시장 진출도 꾸준히 늘어났다. 보편적 교육의 확대는 전통적 가치관에 균열을 일으켰으며 사회 불평등과 노동 문제가 조명받기 시작했고 시민사회에 대한 관심이 높아졌다.

　이러한 변화 속에서 사회는 더욱 다층적이고 복합적인 구조로 바뀌었으며, 다양한 계층과 세대, 집단이 서로 다른 이해와 요구를 갖게 되었다. 그 결과 오늘날 한국 사회는 과거와 같은 단일한 가치와 규범만으로는 통합을 이루기 어려운 상황에 놓였다.

산업혁명과 자본주의 시장의 팽창, 그리고 정보화는 물질적 풍요와 노동 해방을 가져왔지만 현대인들은 역설적으로 과거보다 더 세밀하고 복잡한 문제와 니즈를 떠안게 되었다.

톨스토이가 존경한 19세기 경제사상가 헨리 조지Henry George, 1839-1897는 사회가 발전할수록 더 높은 수준의 사회적 지능과 집단적 역량이 필요하다고 강조했다. 현대의 물질문명은 수많은 사람들의 협력과 방대한 지식 체계를 기반으로 작동하며, 연결성이 높아질수록 개인의 사회 구조에 대한 의존도도 높아진다. 사회적 연결성이 낮고 자급자족적 성격이 강했던 농촌 사회와 달리, 현대 사회는 고도로 조직화, 분업화되어 다양한 전문 분야의 재능과 기술, 서비스에 의존해 살아간다. 이처럼 상호 의존성이 높은 구조에서는 전기, 철도, 인터넷과 같은 주요 인프라가 멈출 경우 사회 전체가 기능 정지에 빠지면서 '블랙아웃'이 될 위험이 있다. 이는 현대 사회가 높은 연결성과 복잡성을 기반으로 작동하는 동시에 그만큼 재난과 위기에 더 취약하다는 사실을 암시한다. 그러므로 사회가 복잡해지고 상호 의존성이 심화될수록 구성원 간의 협력과 사회 전체의 안전성을 유지하기 위해 섬세하고 유연한 사람 중심의 사회 제도가 반드시 뒷받침되어야 한다.

한편 사회는 기술, 교육, 문화, 생활방식 전반에서 더 편리하고 고도화된 문명으로 진화하고 있다. 문명의 발전은 기술의 진보에 더해 새로운 삶의 방식과 사회적 관계를 만들어내며 이에 상응하는 더 다양한 사회 제도를 필요로 한다.

특히 디지털 기술의 비약적인 발달은 전 세계를 하나의 거대한 초연결 사회로 이끌었으며 이로 인해 과거에는 상상조차 어려웠던 새로운 유형의 사회 문제가 잇따라 등장하고 있다. 사이버 범죄, 개인정보 유출, 온라인 혐오와 같은 문제들은 기술의 발전 속도에 걸맞는 사회 제도 설계가 미흡해 갈수록 심화되고 있다. 이러한 문제에 대응하려면 혁신적 제도 개선과 함께 지속적이고 장기적인 전략이 요망된다.

그러나 변화 속도에 비해 기존의 사회 제도는 여전히 과거의 틀에 머물러 있으며 무한히 증식하는 인간의 욕구와 열망을 감당하지 못하고 있다. 그 결과 제도적 한계가 드러나 변화하는 현실을 반영해 사회 제도를 개선, 재설계해야 한다는 요구의 목소리가 점점 커지고 있다.

문명의 진보는 헨리 조지가 말했듯, 사회 문제 해결에 더 많은 사회적 지능과 집단적 역량을 투입해야 한다는 의미이기도 하다. 이 역량을 소수의 전문가나 정책 입안자에게만 의존할 수 없다. 문제를 인지하고 행동에 나서는 다수 시민의 적극적인 참여와 집단지성이 함께 발휘될 때 비로소 현실적이고 지속 가능한 변화가 시작된다.

2. 출구는 사회혁신

오늘날 우리가 직면한 사회적 난제들은 기존의 방식이나 제도로는 풀기 어려운 경우가 많다. 그에 대한 해법으로 최근 '사회혁신Social Innovation'에 대한 논의가 활발히 이루어지고 있다.

사회혁신은 사회 문제를 해결하기 위한 새로운 접근과 협력 방식으로서, 정부공공와 기업민간, 시민사회가 함께 지속 가능한 변화를 만들어가려는 노력이다. 기술, 제도, 문화를 융합해 단기적 처방이 아닌, 근본적인 구조 변화를 지향하며 협력과 연대를 통해 기존 제도의 한계를 넘어서는 것을 목표로 한다.

사회혁신의 정의는 다양하지만 공통적으로 혁신적인 과정과 방법을 통해 사회 문제를 해결하고 삶의 질 향상과 공동체 회복에 기여한다는 점에서 뜻을 같이한다. 특히 복잡한 사회 문제일수록 일부 조직이나 전문가의 노력만으로는 한계가 뚜렷한 만큼 다양한 주체가 함께 참여하고 협력하는 것이 필수적이라고 강조한다.

사회혁신을 위한 디자인

2006년, '사회혁신가들의 혁신가'로 알려진 영국의 제프 멀건Geoff Mulgan, UCL 교수은 자신의 저서 『사회혁신이란 무엇이며, 왜 필요하며, 어떻게 추진하는가』2011에서 사회혁신을 "사회적 필요를 해결하기 위한 새로운 아이디어, 서비스, 조직 방식의 개발과 실행이며 이는 사회 전체에 긍정적인 영향을 미친다"고 정의한다.

그는 이어 "사회적 목표를 이루기 위한 새로운 아이디어들은 실행 가능하고 복제 가능해야 한다"고 강조하며 "실질적인 사회혁신을 이루기 위해서는 아이디어를 현실화하는 데 필요한 네트워킹과 파트너십이 필수적이며, 이들을 연결하는 연결자의 역할 또한 중요하다"고 지적한다.

또한 사회혁신 분야에서는 소극적이고 수동적인 방관자가 아니라 누구나 적극적인 참여자가 되어야 한다고 강조하면서 21세기 사회는 사회적 기업은 물론, 영리기업도 사회혁신의 가치에 주목하고 이를 차용하고 있다는 점을 역설한다. 이에 따라 사회혁신 네트워크에 참여한 행위자들은 개인적 활동보다는 집단행동에 기반하여, '공동 창조co-creation' 방식으로 아이디어를 발전시키고 실험과 반복 실행을 통해 아이디어를 확장해갈 것을 권장한다.

사회혁신 분야에서 빼놓을 수 없는 또 다른 인물은 이탈리아 밀라노공과대학Politecnico di Milano의 명예교수인 에치오 만치니Ezio Manzini이다. 그는 '사회혁신을 위한 디자인' 개념을 대중화하고 관심을 불러일으킨 주역으로 꼽힌다. 만치니는 오늘날 우리가 마주한 거대한 변화, 자원 및 환경, 지구의 한계를 자각하고 위기를 기회로 바꾸기 위한 새로운 삶의 방식과 사회혁신의 필요성을 주장한다.

그가 말하는 사회혁신은 다양한 지식, 사고, 기술을 적용해 삶의 방식을 바꾸고 사회 변화를 촉발할 수 있는 제품과 서비스, 정책, 조직 등 디자인이 적용 가능한 모든 분야를 포괄한다. 또한 지속 가능한 사회 구축을 위해 전문가만이 아니라 시민, 사용자 등 모든 사회 구성원의 자발적인 참여를 촉구한다.

만치니는 사회혁신 디자인이 자신이 속한 지역과 일상의 문제에서 출발해야 한다고 본다. 개인의 입장에서 세상을 바라보고 그에 대한 행동을 스스로 설계하며, 타인과 협력해 공동으로 디자인할 때 비로소 현실화될 수 있다는 것이다. 이러한 과정 속에서 개인적 이익, 사회적 이익, 환경적 이익이 조화를 이룰 수 있으며, 이때의 '디자인'은 시각적 형식의 차원이 아니라 문제 해결을 위한 사고방식과 행동 전략으로서의 '디자인씽킹design thinking'을 의미한다.

그는 디자인씽킹을 시대적 추세이자 다양한 상황에 적용 가능한 방법론이면서 태도라고 강조하며, 사회의 모든 주체가 난제에 직면했을 때 이를 적극 활용해야 한다고 제안한다.

특히 시민과 전문가가 지역성과 연결성을 매개로 함께 참여하는 협력적 공동 디자인co-design 방식은 사회 문제 해결 역량을 강화하고 사회 전체에 긍정적인 변화를 가져올 수 있는 유력한 수단이라고 본다. 그는 시민의 자발적 참여와 협력을 통해 지속 가능하고 포용적인 사회로 나아갈 수 있는, 작지만 강력한 변화의 가능성에 주목한다.

제프 멀건과 에치오 만치니는 비록 정책과 디자인이라는 서로 다른 배경에서 사회혁신을 설명하고 있지만 시민과 다양한 주체들이 능동적으로 참여해야 한다는 점, 그리고 협력과 공동 창조의 중요성을 강조한다는 점에서 철학적 공통점을 지닌다. 두 사람은 사회혁신이 특정 영역에만 국한되지 않고 여러 분야에 걸쳐 관철되어야 하며, 특히 복잡한 사회 문제에 대한 대응은 통합적이면서 실행 중심의 해결 방식이 요구된다고 강조한다.

실제로 사회혁신은 다양한 분야에서 활발히 시도되고 있으며, 디자인을 창의적인 문제 해결 도구로 도입하고 시민 참여와 공동창조를 통해 혁신적인 해법을 도출한 사례가 나타나고 있다. 그 대표적인 예가 영국 디자인 카운슬Design Council, UK이 2007년에 추진한 「Dott07 프로젝트」다.

「Dott07」은 '이 시대의 디자인Design of the Time'이라는 뜻으로 교통, 교육, 건강, 식량, 에너지 등 공공서비스 영역에서 디자인 주도의 혁신이 우리 삶에 어떤 변화를 일으키고 어떤 역할을 할 수 있는지 시민이 직접 체험하도록 기획한 프로젝트다.

이 프로젝트는 영국의 대표 공공 디자인 기관이자 비영리기구인 디자인 카운슬이 각 지역의 비즈니스 지원기관인 지역개발청Regional Development Agency: RDA 및 유럽의 지역 발전 기구들과 협력해 추진했다.

대표적 프로그램으로는 치매 환자와 가족의 일상생활을 개선하기 위한 「알츠하이머 100Alzheimer 100 프로젝트」로, 디자인이 사회적 약자의 삶을 향상시키는 데 어떻게 기여할 수 있는지 보여준 사례로 평가받고 있다.

당시 영국의 치매 환자 수는 75만 명에 달했다. 환자의 보호자인 가족, 친구, 이웃들은 주당 평균 80시간을 환자 간호에 투입하고 있었다. 「Dott07 프로젝트」는 디자인회사 씽크퍼블릭think public과 알츠하이머협회Alzheimer's Society가 함께 협력해 치매 환자, 보호자, 서비스 제공자가 겪는 일상적 문제를 조사했다.

 알츠하이머 100 프로젝트
출처:

    참여자들은 사진과 일기로 경험을 기록하고 인터뷰와 그림 작업을 이용해 치매와 관련된 그들의 여정을 그려나갔다. 그 결과 치매 환자와 보호자 모두가 사회적 소외를 경험하고 있으며, 치매에 대한 부정적인 인식과 정보 부족, 치매 환자 지원 서비스를 찾기 어려운 현실, 환자에 대한 과잉보호 경향, 보호자의 장시간 간병 부담 등 다섯 가지 주요 문제점을 파악했다.

    이에 치매 환자와 가족, 의료 전문가와 디자이너가 함께 공동 창조 방식으로 해결책을 강구했다. 협업 결과 치매 자문 안내 서비스, 간호 부담을 덜어주는 자원봉사자 기반의 '타임 뱅크Time Bank•', 대화와 소통의 공간 '치매 카페', 치매 환자들이 마음놓고 다닐 수 있도록 설계된 '배회로Safe Wandering Pathway' 등이 개발되었다.

    이 프로젝트에서 개발된 '치매 컨시어지Dementia Concierge'와 '타임 뱅크' 같은 구체적 서비스 모델은 영국 내 공공서비스—특히 국민보건서비스National Health Service: NHS와 지역돌봄서비스—의 혁신

-   쇼핑, 공과금 납부, 산책 등 일상생활 활동을 자원봉사로 지원하고 해당 시간만큼의 점수를 적립하는 방식이다.

실험과 확산에 기여했으며, 치매에 대한 사회적 인식을 개선하는 계기를 마련했다. 더불어 디자인이 수요자 중심의 서비스 혁신과 협력적 문제 해결을 촉진하는 효과적인 수단이 될 수 있음을 입증했다.

타임 뱅크 서비스 모델은 일본에서 고령자 돌봄 문제를 성공적으로 해결한 '후레아이 킷푸ふれあい切符, Fureai Kippu, Caring Relationship Tickets' 시스템을 비롯해, 스위스와 홍콩 등 세계 각지에서 다양한 방식으로 응용되고 있다. 한국에서도 타임뱅크코리아Timebank Korea, timebanks.or.kr, 구미의 사랑고리timegumi.com, 서울시자원봉사센터의 타임 뱅크 프로젝트lifein.news 등 여러 형태로 운영된 바 있다.

Dott07의 또 다른 성공 사례는 젊은이들의 성 건강을 위한 「DaSHDesign and Sexual Health 프로젝트」다. 「DaSH」는 2000년대 중반부터 영국 젊은 층에서 급증하던 성매개감염sexually transmitted infections: STIs 문제를 해결하기 위해 기획된 교육·진료 서비스 개선 프로젝트다. 영국 게이츠헤드Gateshead 지역을 시범 구역으로 삼아 누구나 48시간 안에 성매개감염 여부를 확인할 수 있도록 설계한 최초의 성 건강 서비스디자인 사례다.

영국은 성매개감염 비율이 상대적으로 높고, 특히 2000년대 초중반에는 10대 임신율이 유럽 상위권에 속했다. 「Dott07」팀은 게이츠헤드 지역의 청년, 성소수자 등 1,000여 명의 주민과 40명의 전문가를 대상으로 인터뷰와 워크숍을 진행해 성 건강 서비스 이용의 애로사항과 요구를 조사했다.

응답자들은 피임, 진단, 치료 서비스 간의 연계가 원활하지 않고, 서비스 제공 장소가 이용하기 어려운 곳에 위치하거나 이용자에게 수치심을 느끼게 한다는 점을 문제로 꼽았다. 특히 개인 교통수단이 없거나 시간과 경제적 여유가 부족한 주민의 경우, 검사를 받

「Dott07 프로젝트」의 접근과 성과

으러 가는 일 자체가 큰 부담이라고 답했다.

이 같은 조사 결과, 지역 주민이 더 쉽게 찾아갈 수 있고 편리하게 이용할 수 있는 서비스 환경을 마련하는 일이 중요한 과제로 지목됐다. 지하철역 주변이나 사람들이 자주 찾는 거리 등 접근성이 좋은 위치에서 서비스를 제공하면 조기 검사·진단·상담 치료로 이어질 가능성이 높기 때문이다.

이에 프로젝트 팀은 지역의 1차 의료기관과 협력해 이용자 중심의 공공 보건 서비스를 구현하기 위해 서비스를 무상으로 운영했다. 특히 10대를 포함한 성교육에 취약한 이들에게 사회적 낙인이나 부끄러움 없이 자유롭게 이용할 수 있도록 익명성을 보장했다. 또 언제든 빠르고 쉽게 찾아갈 수 있는 장소를 선정해 편의성과 심리적 안전까지 함께 고려했다.

「Dott07」은 이 외에도 다양한 사회혁신 프로젝트를 추진했다. 학교 건물을 리모델링하거나 재건축하는 과정에 디자인 개념을 도입한 「미래를 위한 학교 건립Building Schools for the Future 프로젝트」, 영국의 낡은 주택들이 보다 효율적으로 에너지를 사용하면서 탄소 배출을 줄이는 것을 목표로 한 「저탄소 거리Low Carb Lane 프로젝트」, 학교와 지역 커뮤니티가 함께 지역 곳곳에 공간을 마련해 직접 과일과 채소를 재배하며 공동체 의식을 고취할 수 있도록 한 「도시 농업Urban Farming 프로젝트」, 작은 시골 마을의 교통 시스템을 개선해 에너지 효율성과 개인 이동 편리성을 도모한 「이동 혁신The Move Me 프로젝트」 등이 있다.

이처럼 「Dott07」은 서비스디자인이 공공서비스 혁신에 실질적으로 기여할 수 있음을 증명한 프로젝트로, 오늘날까지도 사회혁신을 위한 서비스디자인의 효시로 평가받는다.

이러한 흐름은 한국에서도 이어졌다. 2018년 「서울특별시 사회문제해결디자인 조례」의 제정과 함께 기본 계획이 수립되었다. 서울시는 기존의 추상적인 아이디어에서 탈피해 실행 가능한 해법으로서의 '사회문제해결디자인'을 추진하며, 복잡한 사회 문제 해결을 위해 시민과 함께하는 '공동 참여 디자인'을 협업의 도구로 활용할 것을 권장했다.

사회적 가치를 실현하는 비즈니스

19세기 말 산업혁명으로 인한 급격한 변화 속에서 도시 빈곤, 열악한 노동 환경, 아동 노동 등 다양한 사회문제가 발생하자, 비영리 단체와 협동조합 등이 대응에 나섰다. 초기에는 주로 구호와 복지 중심이었으나, 2000년대에 들어서면서 공공 부문, 민간 기업, 시민사회 등 다양한 주체들이 함께 참여하는 창의적이고 협력적인 문제 해결 방식인 사회혁신Social innovation으로 발전·확장되었다.

영국의 사회혁신 싱크탱크인 네스타Nesta와 EU의 사회혁신유럽Social Innovation Europe, SIE은 사회혁신을 "개인의 일상 속 작은 행동 변화에서부터 지역 공동체를 조직화하고, 나아가 조직 전체의 시스템 재편에 이르기까지 다양한 층위에서 이루어질 수 있다"고 설명한다.

이처럼 사회혁신은 개인의 실천에서 지역과 사회 구조 전반을 아우르는 폭넓고 유연한 개념으로 자리잡으며, 그 적용 범위와 영향력 또한 점차 확대되고 있다.

2017년 한국행정연구원 정부혁신연구실 초청연구위원이었던 정서화는 논문 「사회혁신의 이론적 고찰: 개념의 유형화와 함의」에서 사회혁신의 개념을 구조화하고, 참여자의 활동 목표와 혁신 범위를 기준으로 세 층위로 분류했다. 그는 사회혁신이 지향하는 목표의 총체성과 변화의 범위에 따라 전개된다고 보았다.

첫 번째 층위는 맥락 특정적context-specific이며 미시적 수준에서 이루어지는 사회혁신이다. 이 층위의 혁신은 주로 서비스 개선, 기술 활용, 사용자 중심 설계, 소비자 참여 등 일상적 문제 해결에 초점을 맞춘다. 특히 비즈니스 혁신으로 사회 문제를 해결하고, 사회적 가치와 경제적 가치를 동시에 창출하려는 특징이 있다.

대표적인 사례로 소셜벤처, 사용자 경험 중심의 디자인, 공공서비스 영역의 서비스디자인 도입 등을 들 수 있으며, 이들은 시스템 전환보다는 실용적이고 구체적인 성과 창출에 중점을 둔다.

'동구밭 비누'는 미시적 수준에서 성공한 사회혁신 사례다. 발달장애인의 경제적 자립을 지원하고 친환경 생활용품을 생산해, 발달장애인의 일자리 문제와 환경 문제를 동시에 풀어냈다.

'동구밭'은 '마을 어귀의 작은 텃밭'이란 뜻으로, 2014년에 장애인 공동체로 출발했다. 발달장애인의 일자리 부족 문제를 포함해 사회적 관계 단절과 외로움, 친구에 대한 갈망을 해소하고자 했다. 도시 농부의 소박한 꿈에서 출발한 텃밭은 빠르게 확장되어 22곳으로 늘었고 활동 범위도 넓어지면서 지속 가능성에 대한 고민과 함께 성인 발달장애인들의 경제적 자립이라는 새로운 목표가 생겨났다.

2016년에는 텃밭에서 수확한 채소를 가공해 '가꿈비누'라는 이름의 유기농 천연 비누 생산을 시작했다. 이듬해인 2017년에는 '동구밭 팩토리'를 설립해 비누뿐 아니라 고체 화장품과 생활용품까지 제조하는 공장으로 확장했다. 현재는 헤어, 바디·페이스·베이비 케

사회혁신은 단일한 현상이 아니라 다양한 층위와 수준에서 병렬적으로 존재한다. 개인이나 조직, 정부, 시민사회 등 다양한 참여자는 이 틀을 자신의 위치를 점검하고 목표를 설정하는 판단 준거로 활용할 수 있다.

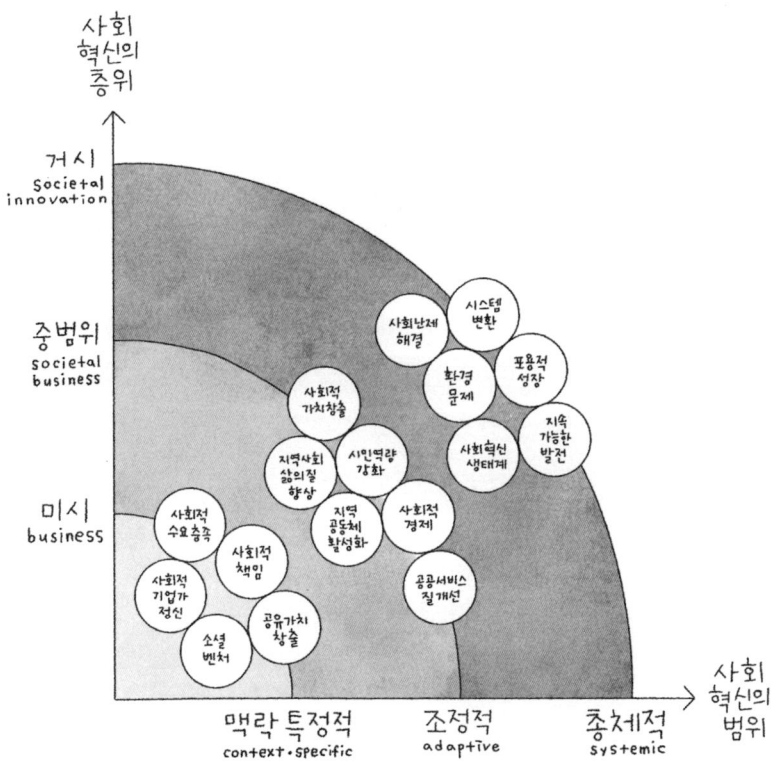

사회혁신론의 정의에 따른 유형화2
출처: 정서화, 「사회혁신의 이론적 고찰: 개념의 유형화와 함의」, 《기술혁신학회지》 제20권 4호, 2017. 12.

어, 리빙, 반려동물, DIY 제품 등 다양한 품목을 생산하며, 연 매출 10억 원을 돌파했다. 공장에서는 성인 발달장애인들이 생산부터 포장, 배송에 이르는 전 공정에 참여하며 안정적인 일자리를 확보하고 경제 자립의 기반을 마련하고 있다.

동구밭의 고용 원칙은 그 자체로 중요한 사회적 가치를 담고 있다. 매출이 4천만~5천만 원 증가할 때마다 발달장애인을 1명씩 추가 채용하는 이 방식은, 수익의 확대가 곧 사회 문제 해결로 직결되는 선순환 구조를 만든다. 책임 있는 고용을 꾸준히 실천하며 사회적 가치를 창출한 동구밭은 현재 제2공장까지 설립하며 소셜벤처 기업으로서 성장을 이어가고 있다.

비즈니스 혁신을 통한 사회혁신의 또 다른 사례로, 빈곤과 소득 격차라는 구조적 문제에 도전한 '그라민 뱅크Grameen Bank'가 있다.

1976년 경제학자 무함마드 유누스Muhammad Yunus는 방글라데시의 한 마을에서 사채를 쓴 사람들이 고리대금에 시달리며 사채업자에게 괴롭힘을 당하는 장면을 목격했다. 자초지종을 알아보니 이 마을의 여성 42명이 약 27달러에 불과한 작은 빚을 감당하지 못해 벌어진 상황이었다.

유누스 박사는 주민들에게 무담보 소액 대출이라는 해법을 제

동구밭 제품은 비주얼 측면에서도 훌륭하다.
출처: ⓒ www.donggubat.co.kr

시했다. 소액 자금을 빌려준 뒤 주민들이 직업을 만들어 원금과 이자를 상환하면, 그 돈으로 또 다른 주민에게 재대출하는 순환 방식이었다. 결과는 매우 놀라웠다. 전체 대출자의 98%가 대출금을 성실히 상환했으며 수백만 명에 달하는 대출자 중 절반가량이 경제적 자립에 성공한 것이다. 이 사례는 "가난한 사람에게도 신용을 제공할 수 있다"는 확신으로 이어졌고, 이후 전 세계 소액금융 운동의 출발점이 되었다.

그 뒤에 설립된 그라민 뱅크는 가난한 사람들, 특히 기존 은행들이 외면하던 여성에게도 담보 없이 소액을 대출해주는 혁신적인 금융 모델을 탄생시켰다. 2022년 기준 2,568개 지점을 둔 대형 은행으로 성장했으며 이러한 공로로 그라민 뱅크는 무함마드 유누스와 함께 2006년 노벨 평화상을 공동 수상했다.

그라민 뱅크는 소액 금융 대출을 통해 빈곤층이 스스로 자립할 수 있도록 지원하는 시스템을 본격적으로 제도화하며 비즈니스를 통한 사회혁신의 상징적 사례가 되었다. 1983년 방글라데시 정부령으로 공식 은행으로 제도화되었다.

최근에는 기업의 사회적 책임Corporate Social Responsibility: CSR 역시 전략적 경영 수단으로 자리잡으며 빠르게 확산되고 있다. 과거의

그라민 뱅크를 설립한 무함마드 유누스가 여성 대출자들의 이야기를 듣고 있다.
출처: ⓒ 그라민 뱅크 홈페이지

CSR이 기부, 자원봉사, 후원 등 일회성의 사회 환원 활동에 머물렀다면 오늘날에는 기업이 가진 역량을 활용해 지속 가능한 사회를 만드는 방향으로 진화하고 있다. 이는 첫 번째 층위의 사회혁신이 지향하는 가치와 맥이 통한다.

네덜란드 맥도널드에서 진행한 '맥니피센트McNificents' 해피밀 캠페인은 기업의 사회적 책임을 창의적이고 따뜻한 방식으로 실천한 대표적 사례로 꼽힌다. 이 캠페인에서 맥도널드는 해피밀 세트를 구매한 고객에게 특별 제작한 '슈퍼히어로 피규어'를 증정하며, 희귀병을 앓고 있는 아이들에게 응원의 메시지도 전했다.

광고에 등장한 세 명의 아이들은 모두 실제로 중증 희귀질환을 앓고 있었으며, 맥도널드는 각각의 아이를 모델로 한 피규어를 해피밀 세트에 포함시켰다.

캠페인은 TV 광고와 디지털 콘텐츠를 통해 아이들의 사연을 널리 알리며, 대중적 공감과 사회적 반향을 불러일으켰다. 캠페인 수익금은 맥도널드가 운영하는 비영리 자선단체인 '로널드 맥도널드 하우스Ronald McDonald House'에 기부해 투병 중인 아이들과 가족이 치료와 생활을 이어갈 수 있도록 지원했다.

이와 유사하게, '레고LEGO'는 탄소 배출량 감축을 통해 지속 가능한 환경 책임을 실현하는 대표적인 CSR 사례로 주목받고 있다. 레고는 2050년까지 순배출 제로net-zero를 약속하고 2032년까지 절대 배출량 37% 감축 목표로 재생에너지 투자를 확대해 왔다. 또한 기존의 플라스틱 블록을 사탕수수 원료의 바이오 기반 폴리에틸렌PE을 일부 부품에 적용하는 등 다양한 소재를 시험하며 친환경 혁신을 위해 힘써 왔다.

이러한 노력으로 장난감 업계 최초로 세계자연기금WWF의 공식

맥니피센트의 실제 모델인 아이들.
Fluer, Julien, Keano
출처: ⓒ McNificents.nl

파트너로 선정되었으며 이는 장난감 산업 전반에 환경적 변화를 촉발하는 계기가 되었다. 또한 레고는 2025년까지 제품 상자 내부의 플라스틱 비닐 봉투를 종이 봉투로 바꾸는 등 일회용 플라스틱을 단계적으로 줄이겠다고 선언했다.

이와 함께 많은 어린이들이 지속 가능성의 중요성을 몸소 체험할 수 있도록 「RE:CODE 프로그램」 등 체험형 교육 활동을 운영하는 등 미래 세대를 위한 책임 있는 기업의 역할을 적극적으로 실천하고 있다.

이 밖에도 코카콜라는 제품 원료로 사용된 물을 100% 자연과 지역 사회로 되돌려 주겠다는 목표 아래 「물 환원 프로젝트」를 추진했다. 2007년 이 프로젝트를 발표할 당시만 해도 2020년까지 목표를 달성할 계획이었는데 2015년 실적 기준, 전 세계적으로 완제품에 사용된 물을 100% 환원하는 데 성공했다. 코카콜라의 노력 또한 기업의 환경적 책임을 이행하고 지속 가능한 경영을 추구하는 모범 사례로 평가받고 있다.

1996년 6월 미국의 《라이프Life》지에 실린 한 장의 사진이 전 세계에 충격을 던졌다. 파키스탄 시알코트 지역에서 나이키 로고가 새겨진 축구공을 꿰매고 있는 12세 소년의 모습이 담긴 사진이었다. 나이키의 현지 하청 공장에서 일하는 소년은 하루 종일 축구공을 만들어도 일당이 고작 60센트시간당 6센트에 불과했다. 당시 나이키 농구화 한 켤레 가격이 약 130달러 수준이었던 점을 감안하면 아동 노동 착취라는 비난이 과장은 아니었던 셈이다. 거센 비난 앞에 나이키는 1998 회계년도 4분기에 13년 만의 분기 적자를 기록했다.

이 같은 논란을 계기로 나이키는 1998년 5월, 기업의 윤리강령을 전면 수정하고 노동자의 최소 연령을 제한하며 하청 공장의 근로 환경을 개선하는 등 대대적인 조치를 취했다. 이어 '나이키 재단Nike Foundation'을 설립하고 개발도상국 소녀들의 자립을 돕는 「걸 이펙트 Girl Effect 캠페인」 등을 전개하며, 기업의 사회적 책임CSR을 강화하기 위한 노력을 이어 오고 있다.

오늘날 기업들은 기후위기, 불평등, 실업, 고령화, 지역 소멸 등 복잡하고 다차원적인 사회 문제에 공동으로 대응하기 위해 사회적 책임을 경영 전략의 중요한 부분으로 인식하고 있다. 이러한 인식을 배경으로 정부와 지방자치단체, 시민사회, 비영리 단체 등 다양한 이해관계자들과 협력하는 다자간 파트너십과 거버넌스 체계의 중요성이 한층 더 강조되고 있다.

나이키 축구공을 꿰매는 파키스탄 어린이의 모습
출처: ⓒ 라이프

다자간 협력으로 사회 문제에 대응한 대표 사례로는 방글라데시의 라나 플라자Rana Plaza 건물 붕괴 사건 이후 체결된「방글라데시 화재·건물 안전 협정The Accord on Fire and Building Safety in Bangladesh」이 있다.

2013년 4월 24일, 방글라데시 다카 인근 사바르 지역에 위치한 라나 플라자 건물이 붕괴하면서 1,134명의 노동자가 사망하고 2,500명 이상이 부상을 입는 대형 참사가 발생했다. 이 사건은 글로벌 의류산업 공급망에서 노동자의 안전이 얼마나 심각하게 방치되어 왔는지를 전 세계에 각인시켰고, 저임금과 열악한 환경 속에서 일하는 방글라데시 봉제 노동자들의 현실을 세상에 드러냈다.

참사 이후 글로벌 의류 기업과 소매업체, 노동조합, NGO 등이 함께 협력하여「방글라데시 화재·건물 안전 협정」을 체결했다. 이는 의류 산업에서 화재 및 건물 안전 기준을 대폭 강화하고 이를 법적으로 강제한 최초의 국제 합의라는 점에서 큰 의의를 가진다. 특히 공장 안전 점검, 개보수, 노동자 안전 교육 등 구체적이고 실질적인 조치를 통해 산업 전반의 구조적 변화를 이끌었으며 노동자 권익 보호를 위한 새로운 이정표로 평가받고 있다.

최근에는 기업의 사회적 책임이 환경·사회·지배구조Environment, Society, Governance: ESG를 포괄하는 개념으로 확장되었다. ESG는 이제 기업의 지속 가능성을 평가하는 핵심 잣대이자 투자의 의사결정에서 주요 판단 기준으로 적용되고 있다. 과거처럼 사회적 가치를 표방하는 데 그치지 않고 실제로 책임 있는 행동과 구체적 실행을 통해 사회와 환경에 긍정적 변화를 만들어내는 것이 요구되며, 기업은 이런 변화에 능동적으로 대응해야 한다.

사회혁신과 공동체 회복

기업의 책임 있는 실천과 함께 지역 공동체 차원에서도 지속 가능한 사회를 향한 사회혁신이 활발히 이루어지고 있다. 사회적경제와 사회혁신은 지역 차원의 포용·공정성을 강화하며 복합적인 사회 문제에 대응하는 수단으로 주목받는다.

두 번째 층위에 해당하는 중범위 수준의 사회혁신은 사회적 경제와 지역 공동체 활성화를 중심으로 전개되고 있으며, 개인뿐만 아니라 지역 사회 전체의 삶의 질 향상을 목표로 한다.

이 층위의 사회혁신은 우리가 익히 잘 알고 있는 협동조합, 사회적 기업, 마을 기업, 자활 기업, 주민 자치회 등의 다양한 형태로 구체화된다. 이들은 지역 안에서 경제적 자립과 사회적 연대를 동시에 실현하고 지속 가능한 지역 생태계 구축을 지향한다.

주요 가치는 참여, 연대, 포용, 자립으로 요약되며 시민들의 자발적 참여와 역량 강화가 전제된다. 이로써 지역 혁신 거버넌스를 구축하고 공공서비스를 공동 설계하며 사회적 자본을 견고히 쌓아가는 논의가 이어지고 있다.

대표적인 사례로 영국의 지역 공동체 활동을 통해 노인 문제 해결을 모색하는 공동체 돌봄 시스템 '서클Circle'이 있다.

노인들을 위한 공동체 파티서플
출처:
ⓒ www.particple.net

의료 기술의 발달로 평균 수명이 길어지면서 노인 돌봄과 고독사 등 사회가 책임지고 부담해야 할 사회적 비용 또한 크게 늘고 있다. 2007년 영국의 민간단체 '파티서플Participle'은 이 문제를 풀어가기 위해 새로운 방식의 노인 복지 프로젝트인 '서클'을 기획했다.

서클은 노인을 '돌봄의 대상'으로만 여겨 온 기존의 노인 복지 관점에서 벗어나, 노인 스스로 삶의 방향을 선택하고 주체적으로 살아갈 수 있도록 지역 공동체가 함께 지원하는 방식을 고민했다.

파티서플팀은 프로젝트 초기에 노인과 가족 등 250여 명을 직접 만나 그들이 원하는 삶과 필요한 도움을 세세하게 조사했다. 조사 결과, 노인들은 무엇보다도 인생의 마지막 날까지 자기가 살던 곳에 계속 머물 수 있기를 희망하며, 마음에 맞는 친구가 필요하고, 목적 있는 삶을 이어가기를 원했다. 또한 신체적 제약으로 인해 일상에서 해결하기 어려운 자잘한 문제에 도움을 필요로 하지만, 자신이 지닌 기술이나 지식, 경험을 공동체와 나누기를 희망한다는 점도 알게 되었다.

이러한 요구에 따라 서클은 도움은 필요하지만 일방적으로 받기만 하는 구조가 아닌 자조self-help 시스템을 설계했다. 사회적 관계 속에서 이웃끼리 서로를 돌보는 상호부조의 형태였다.

서클은 회원제로 운영되며 회원들은 점심을 함께 먹거나 극장 나들이, 소규모 이벤트 같은 다양한 프로그램을 통해 이웃과 자연스럽게 교류하며 어울릴 수 있도록 기회를 제공했다.

회원들이 필요로 하는 도움은 대부분 사소한 일들로 하루 한두 시간이면 해결 가능한 수준이고 보통은 공동체 안에서 자발적으로 처리되었다. 만약 특별한 기술이나 도움이 필요하면 유료 도우미Helper 제도를 이용할 수 있다.

이 모델은 큰 변화를 만들어냈다. 서클에 참여한 노인들은 새로운 사회적 관계가 생겼고 공공서비스를 이용하는 동안 불필요한 의사 방문과 응급 외래 이용이 감소한 것으로 나타났다. 프로그램 만족도도 높아 모든 응답자가 친구에게 적극 추천하겠다고 답했다.

서클 모델은 전통적인 노인 복지 체계와는 다른 방향성을 제시하며 이른바 '관계 복지Relational Welfare'라는 새로운 개념을 만들어냈다. 관계 복지는 수혜자, 운영팀, 지역 주민 그리고 민간과 공공 등이 파트너십을 이루어 관계를 기반으로 복지를 실현하는 방식이다. 특히 사용자와 현장 활동가가 주체가 되는 수요자 중심의 운영 구조가 서클을 지탱하는 동력으로 꼽힌다.

서클은 아쉽게도 2014년 지방정부 보조금이 종료되면서 사업이 중단되는 등 일부 지역에서 축소와 해체를 겪었다. 그러나 2012년 문을 연 '헤이우드-미들턴-로치데일 서클Heywood, Middleton & Rochidale Circle: HMR Circle'은 회원들의 요청에 힘입어, 운영을 사회적 기업 형태로 바꾸었고 지역 사회 내 노인 돌봄을 이웃 간 품앗이 방식으로 이어가며 현재까지도 왕성하게 활동하고 있다.

전통적인 가족 돌봄 체계가 무너지고 고령자의 고립이 점점 더 심각한 사회 문제로 떠오른 오늘날, 캐나다에서는 네트워크 기술을 접목해 정보 단절과 돌봄 공백을 완화하려 한 플랫폼 '타이즈Tyze'가 등장했다.

타이즈는 돌봄이 필요한 노인을 중심으로 가족, 친구, 이웃, 돌봄 전문가가 각자 역할을 분담하고 협력하는 디지털 커뮤니티다. 웹 기반의 네트워크를 통해 일상적인 돌봄을 조직화하고 참여자들이 언제든 실시간으로 정보를 공유하며 역할을 조율할 수 있도록 설계되었다.

돌봄 방식은 단순하지 않다. 예를 들어 의료진은 건강 검진 일정에 따라 노인을 체계적으로 관리하고, 가정 방문 간호사는 노인의 위생 관리와 목욕을 돕는다. 이웃 주민은 매일 노인과 함께 산책하며 정서적 교감을 나누고, 또 다른 이웃 주민은 일주일에 한 번 장을 봐준 후 식사를 함께하며 노인의 영양 관리와 외로움을 덜어준다. 이렇게 각자의 시간과 재능이 모여 한 사람의 일상이 작은 공동체 속에서 안전하게 이어진다.

타이즈는 기술을 매개로 사람과 사람을 다시 이어주는 사회혁신 사례다. 실시간 정보 공유와 섬세한 역할 분담 덕분에 노인 한 사람 한 사람의 필요에 맞춘 맞춤형 돌봄이 가능하다.

노인의 고립과 돌봄 문제를 지역 사회가 공동 지원해 해결한 사례로 일본의 '코레카라노이에これからの家'가 있다. 이 주택은 한 고령 부부가 자녀 독립 이후의 삶을 준비하며 구상한 모델이다.

설계를 맡은 타바타설계タバタ設計는 노인의 이동 편의성과 간병 등 다양한 상황을 감안하여 건물 전체를 휠체어로 자유롭게 오갈 수 있는 배리어프리●barrier-free: BF 공간으로 설계했다. 쾌적한 생활 환경을 위해 전관 공조 시스템을 도입해 집 전체의 실내 온도를 균일하

● 산업통상자원부와 한국디자인진흥원(2022. 3.)에 따르면, 배리어프리(BF, Barrier free, 무장애)는 신체적으로 불편함을 갖고 있거나 장애를 가진 사람이 물리적 환경을 안전하고 쉽게 사용할 수 있도록 설계한 것이다. 장애인을 주 대상으로 평등한 환경을 조성하기 위한 법률 및 명령에 근거한 디자인 표준을 설정하였다. 최근에는 그 범위를 확대하여 '모두를 위한 디자인(Design for All)'을 지향하며 물리적 공간뿐만 아니라 제품과 인간 주변의 모든 환경을 대상으로 하는 '보편적 디자인(Universal Design)' 개념으로 발전하고 있다. 즉, 기존에는 존재하던 물리적 장벽을 제거하는 디자인(배리어프리)에서 최근에는 처음부터 모두가 이용 가능하도록 설계해 누구나 공평하게 이용하기 쉽도록 디자인하고 있다. 예를 들어 예전에는 빌딩의 출입문이 일반인이 사용하는 손잡이 달린 문과 장애인용 자동문을 별도로 설치하였으나 최근에는 모두가 자연스럽게 함께 이용할 수 있도록 커다란 자동문을 설치해, 두 가지의 차이를 인식할 필요가 없도록 하였다.

게 유지하고 리빙룸과 일본식 방을 연결한 공용 공간을 마련해, 가족이나 손주들을 맞이할 수 있도록 했다. 건물 한편에는 공유 부엌, 공동 정원, 커뮤니티 라운지를 두어 노인과 청년, 한부모 가정 등 서로 다른 세대와 배경을 가진 사람들이 자연스럽게 교류할 수 있는 환경을 조성하였다.

다세대 주택의 입주자들은 세대 간 상호 돌봄 관계를 형성한다. 예를 들어 청년 입주자는 노인의 스마트폰 등 디지털 기기 사용을 도와주고 노인은 어린아이들을 돌보며 젊은 부부의 짐을 덜어주는 등 서로의 자원을 나누는 상호 협력적인 돌봄을 실천한다.

코레카라노이에는 비영리 민간기업의 설계와 입주민들의 주체적 참여, 그리고 지역 행정의 제도적 지원이 맞물린 3자 협력 구조 위에 세워졌다. 덕분에 돌봄 문제와 세대 간 단절, 주거 불안 등 초고령 사회가 안고 있는 복합적인 과제를 동시에 해결해가는 고령자 친화 설계를 적용한 주거 모델로 소개된다.

한편 한국에서도 유사한 움직임이 있었다. 2019년 보건복지부는 전국 8개 기초자치단체에서 지역 사회 통합돌봄 모델인 '커뮤니티 케어' 시범사업을 운영했다. 서울시는 돌봄SOS센터를 중심으로 일시 재가, 단기 시설, 이동 지원, 주거 편의, 식사 지원, 안부 확인, 건강 지원, 정보 상담 등 총 8대 돌봄 서비스를 통합적으로 제공했다. 이를 위해 주민 중심의 협업 체계를 구축하고 사회적경제 조직들의 연합체인 '사회적경제 돌봄 광역추진단'을 구성해 지역 자원 연계와 모델 구상을 논의했다.

비록 사업은 시범 단계였지만 "살던 곳에서 필요한 돌봄을 받도록 한다"는 지역 기반 통합돌봄의 지향점은 고령자 친화 설계와 일상 지속을 중시하는 일본의 코레카라노이에의 철학과 통한다.

지속 가능한 생태계

중범위 수준의 사회혁신이 지역 공동체와 시민 참여를 통해 삶의 질 향상을 도모하는 실천적 움직임이라면, 세 번째 층위의 사회혁신은 보다 더 거시적인 관점에서 사회 구조 전반의 문제를 해결하고 지속 가능한 생태계를 구축하려는 시도에 해당한다.

거시적 수준의 사회혁신은 환경, 보건, 노동, 복지, 행정 등 광범위한 영역을 다루며 새로운 사회 규범과 운영 원리, 제도적 틀을 제안해 사회 전체의 패러다임 변화를 지향한다.

우간다의 수도 캄팔라Kampala 시에서 시행된 분뇨 앱 '웨욘제 Weyonje'는 이러한 거시적 사회혁신의 좋은 예다.

급격한 도시화로 인구가 밀집된 캄팔라는 대다수 가구가 재래식 화장실을 사용했고 하수도 인프라도 제대로 갖춰지지 않아 도시 인구의 90% 이상이 분뇨로 인한 비위생적 환경에 노출되어 있었다. 무단 투기된 분뇨는 강을 오염시켜 콜레라, 장티푸스, 설사병 등 수인성 질환의 주요 원인이 되었다. 주민들은 분뇨 수거 업체에 대한 정보도 부족하고 서비스 품질과 가격 편차도 심해 불만이 커져갔다.

이 문제를 해결하기 위해 캄팔라시는 주민들의 의견을 수렴한 뒤 주민 참여를 이끌어 '웨욘제' 앱을 개발했다. 주민들은 이 앱으로 화장실 청소 트럭을 간편하게 호출할 수 있게 되었고 위생 관련 교육 자료를 제공받아 생활 습관과 위생 인식이 크게 개선되었다.

이처럼 ICT 기술과 제도 개편을 결합한 '웨욘제'는 공중보건과 도시 환경이라는 구조적 문제를 동시에 해결하며, 캄팔라의 위생 관리 체계를 근본적으로 바꾸고 지속 가능한 도시 위생 생태계로 나아가는 발판이 되었다.

케냐의 '그린벨트 운동Green Belt Movement'은 나무 심기라는 단순한 활동을 실천해 환경 보존과 여성 권익 향상이라는 두 가지 가치를 실현한 세계적인 사회혁신 모델이다. 1977년 왕가리 마타이 Wangari Maathai 박사의 주도하에 시작된 이 운동은 케냐에서 아프리카 전역으로 확산되며 전 세계에 화제를 불러 모았다.

1970년대 당시 케냐는 대규모 농업 개발과 벌목으로 산림이 무분별하게 파괴되고 있었다. 이로 인해 토양이 침식되고 식량이 부족해졌으며 급속한 사막화가 진행되었다. 환경이 악화되면서 장작을 구하거나 물을 찾기 위해 몇 킬로미터씩 걸어 다녀야 하는 여성들의 일상은 더욱 곤궁해졌다. 교육과 정치 참여에서 배제된 여성들은 현실에 대한 불만을 제기할 기회조차 얻지 못했다.

왕가리 마타이는 이 문제를 직시하고 일차적으로 산림 파괴를 막기 위해 대규모 식수植樹 프로그램을 시작했다. 그리고 사회적·경제적 불평등의 사각지대에 놓인 여성들을 이 활동의 주체로 세웠다. 나무를 심고 가꾸는 일은 여성들에게 일자리와 소득을 제공했다. 케냐 전역에 약 5천만 그루 이상이 심어졌고 3만 명 이상의 여성들이 임업, 식품가공업, 양봉업 등의 분야에서 일자리를 얻어 자립의 기반을 마련했다.

이 운동은 케냐 사회에 깊이 뿌리내리고 점진적으로 영향력을 넓혀가며 전국적 여성 네트워크로 성장했다. 이어 정치 참여를 비롯해 더 넓은 사회 의제 해결로 활동 영역을 확장했다. 환경, 여성, 민주주의를 아우르는 이 혁신적 움직임으로 마타이는 2004년 아프리카 여성 최초로 노벨평화상을 수상했다.

사회혁신의 궁극적인 목표는 사회 구성원 모두가 더 나은 삶을 누릴 수 있는 지속 가능한 사회를 만드는 데 있다. 이를 위해서는 수요자를 포함한 다양한 이해관계자가 함께 참여하고 협력하며 해법을 공동으로 만들어가는 과정이 뒷받침되어야 한다.

지속 가능성은 개인의 책임 있는 실천과 함께 이를 제도적으로 지지하고 안정적으로 확산시킬 수 있는 조직, 기업, 정부 등 다양한 행위자의 적극적인 참여와 네트워크 기반의 협력이 이루어질 때 비로소 가능해진다.

이런 맥락에서 사회혁신이 중시하는 지속 가능성sustainability과 협업collaboration, 그리고 공동 창조co-creation의 가치는 서비스디자인 철학과 밀접하게 맞닿아 있다. 서비스디자인은 사람 중심의 협력적 접근으로, 서비스 전 과정에서 사용자와 조직의 가치를 공동 창출하도록 설계한다.

사실상 사회혁신의 많은 영역에서 문제 정의부터 해결안 도출까지 서비스디자인의 방법론이 폭넓게 활용되고 있다. 이러한 흐름 속에서 '사회혁신 서비스디자인'은 점차 하나의 독립된 분야로 위상을 굳혀 가고 있다. 따라서 사회혁신을 구체적으로 설계하기 위해, 그 중추적 기반이 되는 서비스디자인의 개념과 특징, 프로세스를 이해할 필요가 있다.

빠르게 변화하는 세상 속에서 우리 모두는 디자이너다.
우리 모두라 함은 자신의 정체성과
삶의 방향을 결정하고 계획해야 하는 모든 주체
(개인, 단체, 회사, 공공기관, 지역, 나라 포함)를 포괄한다.

에치오 만치니(Ezio Manzini),『모두가 디자인하는 시대』

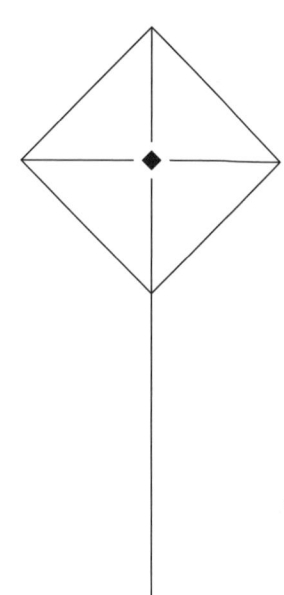

2장
사회혁신 전략
'서비스디자인'
Social Innovation Strategy of Service Design

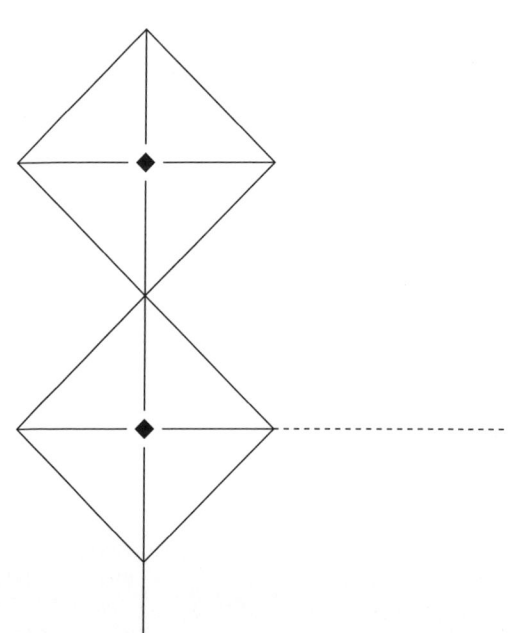

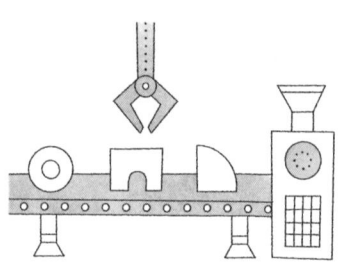

	1차 산업혁명(제조)	2차 산업혁명(유통)
시대	18세기 중반~19세기 초	19세기 말~20세기 초반
핵심 기술	• 증기기관 기반 기계화 혁명	• 공장에 전력 보급 • 컨베이어 벨트 시스템(포드자동차) • 교통·통신의 혁신
산업 및 사회 변화	• 기계화·공업화로 생산성 향상 • 물품 부족 현상(수요 급증) • 편리한 이동으로 욕구 확장 • 도시화	• 전기에너지 기반 대량 생산과 유통 혁신 • 의식주 해소, 생활 수준 향상 • 소비사회 태동(마이카 시대와 라디오·TV 보급) • 도시화 심화
기업의 가치 창출	• 기계화 통한 생산력 향상 • 수공업 → 대량 생산 전환	• 대량 생산 시스템 • 기업 규모 확장(대기업, 독점) • 표준화, 효율성 중심
사람의 가치 및 니즈	생존, 편리함, 기본 욕구 충족	합리적 가격, 소유욕, 편의성
개인의 가치 및 니즈 요소	• 생필품 확보 욕구 • 이동의 편의성 확대 • 도시 생활에 대한 적응 필요	• 대량 소비 욕구 • 삶의 질 향상 추구 • 교통·통신 확대로 사회 참여 욕구
디자인 관점	2차원 시각 중심 그래픽 디자인(사인·심벌·인쇄)	3차원 제품 중심 산업디자인(제품 중심)

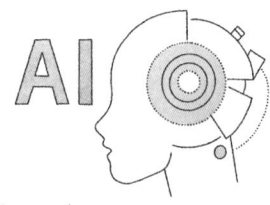

3차 산업혁명(정보)	4차 산업혁명(고객)
20세기 중반	2010년대 이후
• 개인용 컴퓨터 보급 • 인터넷과 스마트 혁명 • 미국 주도의 글로벌 IT 기업 부상 • 서비스 산업의 비중 증가	• 인공지능, IoT, 빅데이터, 3D 프린팅, 로봇, 블록체인 등 첨단 기술의 융합 • 스마트 제조·생산 • 플랫폼 경제
• 정보의 디지털화, 지식정보 혁명 • 소셜 미디어로 제품 정보 공유 용이 • 네트워크 사회 및 가상공간 활동 증가	• 초개인화, 초연결사회 • 사용자 중심의 개인 맞춤화 실현 • 제품은 자기 표현의 도구, 재미와 경험의 요구 • 보안 문제 대두
• 전자·IT 기술 기반 자동화 • 정보 자산을 통한 경쟁력 강화 • 글로벌 공급망 구축	• AI, 데이터, 플랫폼 기반 가치 창출 • 고객 맞춤형 서비스 제공 • 지속 가능성과 ESG 경영 강화
다양성, 접근성, 효율성	자아실현, 감정적 만족감, 맞춤화 경험, 사회적 책임
• 정보 접근성과 활용 능력 중시 • 지식·기술 습득 욕구 확대 • 다양성, 자율성 중시	• 초개인화·맞춤형 경험 추구 • 디지털 연결성과 편리함 중시 • 자아실현과 윤리적 소비 니즈 증가
4차원(시간+상호작용) 인터페이스, 인터랙션 디자인	통합적 시스템 서비스·시스템·경험 디자인

Social Innovation Strategy of Service Design

1. 가치 창출의 패러다임

2025년 3월, 한국은행은 「한국 서비스 수출 현황과 나아갈 방향」에서, 지식서비스가 전체 서비스 수출에서 차지하는 비중이 2010년 7.6%에서 2024년 26.5%로 크게 높아졌다고 보고했다. 이러한 성장은 세계 무역의 중심축이 상품에서 서비스로 이동하는 구조적 변화와 맞물려 있다. 세계적으로도 서비스 수출 비중은 2011년 19.4%에서 2023년 24.1%로 상승했다.

한편 국내총생산Gross Domestic Product: GDP에서 서비스업 비중은 한국이 여전히 50%대에 머물러, 미국, 영국 등 주요 선진국의 70% 후반에 못 미치는 수준이다. 이는 제조업 중심 국가인 독일, 일본과 비교해도 낮으며, 성장 속도 역시 상대적으로 더딘 것으로 나타났다.[3]

전통적으로 한국 경제는 제조업 중심의 산업 구조를 유지해 왔다. 반도체, 자동차, 조선, 철강 등 고부가가치 산업은 오랫동안 국가 경제 성장의 중요 동력이었다. 그러나 최근 들어 미국의 보호무역주의 강화와 함께 글로벌 무역 분쟁, 가격 경쟁 심화, 기술 격차 확대 등 여러 요인이 가중되면서 산업 전반이 난관에 직면했다.

여기에 자동화와 인공지능[AI]의 급속한 확산, 디지털 전환의 가속화가 더해지면서 기술 혁신이 산업 전반을 재편하고, 이에 따라 제조업과 서비스업 간 경계 또한 모호해지는 추세[4]이다. 이러한 흐름은 생산 중심의 제조업을 근본적으로 재검토하고, 제조업의 서비스화와 산업 간 융합을 바탕으로 지속 가능한 혁신 구조로 바뀌어야 한다는 점을 시사한다.

가치사슬의 변화

제조업은 지금도 국가 경제의 든든한 기반을 이루며 안정적인 일자리를 제공하는 중요한 산업이다. 그러나 노동 생산성의 둔화와 경쟁 심화가 이어지면서 혁신과 기술 경쟁력 강화는 더 이상 선택이 아닌 필수 과제가 되었다. 코로나19 팬데믹 이후 디지털 사회로의 이행이 빨라지면서 '제조업의 서비스화'는 새로운 성장 동력으로 주목받고 있다.

2022년 6월 대외경제정책연구원[KIEP]의 정책연구 브리핑에 따르면, 국내 제조 기업 중 제품의 서비스화를 추진한 기업은 비서비스화 기업 대비 평균 이윤율이 5.2% 더 높았으며, 1인당 부가가치 생산성도 약 1.3% 더 높은 것으로 나타났다. 특히 전문 서비스와 엔지니어링 서비스 분야에서의 수출 실적이 두드러졌으며[5] 제품과 함께 서비스를 패키지로 제공할 경우 수출 효과도 증대된다는[6] 분석도 제시되었다.
 이처럼 제조업의 서비스화가 제조업 경쟁력 강화에 기여한다는 결과가 잇따르자, 산업통상자원부와 중소벤처기업부 등 정부 부처에서도 중소기업의 서비스화를 촉진하기 위한 다양한 정책 지원에 나서고 있다.
 그러나 현재의 서비스화 전략은 주로 제조 공정에 ICT 기술을 접목하거나 신기술을 도입하는 등 기술적 측면에 집중되어 있다. 제품 기획부터 사용과 사후관리까지 전 과정을 아우르며 기업, 제품, 사용자를 하나로 잇는 통합 전략은 상대적으로 부족한 실정이다. 제조업의 서비스화는 스마트 공장 구축 그 이상이어야 하며, 기술을 매개로 어떤 새로운 서비스와 부가가치를 창출할 것인지 비즈니스 모델에 대한 재정의가 병행되어야 한다.
 2001년 대만의 컴퓨터 제조 기업 에이서Acer의 창업자 스탠 신 Stan Shin은 '스마일 커브Smile Curve'라는 개념으로 기업의 가치사슬 Value chain에서 부가가치가 어디서 창출되는지를 설명했다.
 스마일 커브는 제품 개발-생산-마케팅으로 이어지는 가치사슬 각 단계의 부가가치 분포를 시각적으로 보여주는 개념도다. 과거 산업화 시대에는 제조와 생산 단계에 부가가치가 집중됐지만 21세기 지식 기반 경제에서는 제조 이전 단계인 연구개발, 브랜드 구축, 디자인과 제조 이후 단계인 유통, 마케팅, 판매, 서비스에서 상대적으로 더 높은 부가가치가 창출되고 있다.
 이 변화가 시사하는 바는 분명하다. 이제 제조 기업은 그저 '물건을 잘 만드는 것'보다 '어떻게 만들고, 어떤 고객 경험을 제공하느냐'가 더 중요해졌다. 요컨대 오로지 제품을 생산·판매하는 데에만 머무를 것이 아니라, 제품의 전 생애주기life cycle를 통합적으로 관리

스마일 커브는 제품·서비스 가치사슬 전 생애주기에서
설계(R&D), 마케팅, A/S 관리 등 양 끝단에 위치한 활동들이,
중심부에 위치한 제조 공정보다 더 높은 부가가치를 창출함을 보여준다.
이를 통해 제조업이 나아가야 할 전략적 방향성을 제시한다.

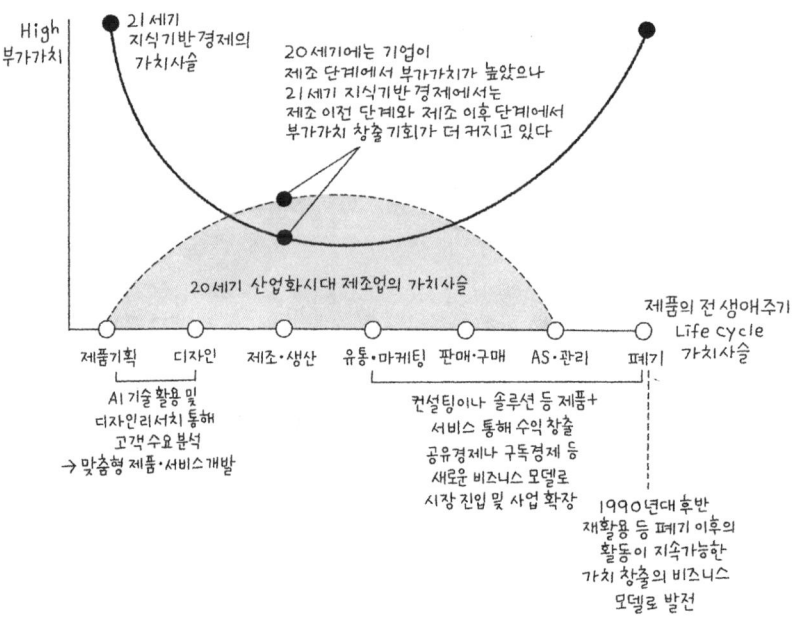

스탠 신의 '스마일 커브' 개념도(2001)

하고 고객 중심의 서비스를 제공하는 방향으로 나아가야 한다. 이는 기존의 하드웨어 중심의 제품 개발에서 소프트웨어를 포함한 통합 솔루션까지 포괄해야 함을 일깨워준다.

나아가 ICT 기술의 고도화와 산업 간 융복합이 가속화되는 오늘날, 제조 과정에 서비스를 더하거나 신규 서비스를 파생시켜 부가가치를 창출하는 '제조업의 서비스화'는 생산 효율성과 수익성을 동시에 끌어올리는 전략이자 지속 가능한 혁신 성장과 글로벌 경쟁력 확보를 위한 필수 요소로 자리하고 있다.[7]

18세기 말 '경제학의 아버지'로 불리는 애덤 스미스Adam Smith는 『국부론The Wealth of Nations』에서 국가의 부Wealth를 중심으로 경제를 설명했다. 그는 부를 창출하는 생산 활동이란 곧 '물건을 만드는 일'로 보았다. 직접적인 재화를 생산하지 않는 서비스는 비생산적 활동에 불과하다고 여겼다. 물리적 재화를 창출해야만 부를 축적할 수 있으며, 서비스는 오히려 그 부를 소모한다고 여겼던 것이다.

그러나 19세기 후반에 이르러 '부Wealth'에서 '효용utility'으로 경제학의 초점이 옮겨갔다. 부를 창출해야만 생산 노동으로 인정하던 기존의 시각이 소비자에게 효용을 제공하는 모든 활동을 생산으로 보는 논리로 바뀌었다Maglio et al., 2009; Vargo & Lusch, 2008.[8] 즉, 전통적으로 비생산적이라 여겨졌던 서비스가 효용 가치 중심의 관점에서 경제적 의미를 새롭게 인정받게 된 것이다.

이러한 변화는 서비스의 경제적·이론적 위상을 새롭게 정의하며 '서비스 지배 논리Service-Dominant Logic'로의 전환을 이끌었다. 서비스 지배 논리는 2004년, 바고와 러쉬Vargo & Lusch가 처음 제안한 개념으로, 전통적인 제품·사물 중심의 교환 — 즉 '제품 지배 논리Goods-Dominant Logic — 에서 벗어나 서비스 중심의 가치 창출로 패러다임을

제조업의 서비스화에 따른 가치사슬 및 패러다임 변화

	서비스화 이전	서비스화 이후
가치 초점	제품 및 교환 중심 (Product)	사용자와 사용 중심 (Customer)
	기존 제조업은 제품의 소유에 초점, 현재는 고객의 사용 경험과 만족에 초점	
제공 자산 유형	유형 자산 (Product)	무형 자산 (Solution, Experience)
	예: 롤스로이스는 항공기 엔진을 판매하는 대신, '엔진 작동 시간당 과금 서비스'를 제공한다.	
비즈니스 관계	거래 중심 (Transactions)	관계 (Relationships)
	일회성 구매 → 장기적 관계 유지(예: 정기 유지보수 계약)	
가격 기준	제품 가격 (Price)	가치 제안 (Value Proposing)
	단순 비용이 아닌, 제공되는 가치 기반 가격 책정. 사용자는 롤스로이스의 엔진 자체(산출물, output)가 아니라, '안정적 비행시간'이라는 성과(Outcome)에 대해 비용을 지불한다.	
고객 역할	제품 구매자 또는 소비자 (Consumer)	공동 생산자 (Co-creator)
	고객이 서비스 기획 및 개선에 참여(예: 사용자 피드백 기반 개선)	
공급망 구조	공급자 (Suppliers)	네트워크 파트너 (Network Partners)
	수직적 공급망 → 수평적 협업 네트워크로 전환 (예: 플랫폼 기반 제조 생태계)	
생산 방식	대량 생산 (Mass Production)	맞춤형 생산 (Mass Customization)
	효율 중심의 대량 생산 방식에서 사용자 중심의 유연한 맞춤형 생산 방식으로 전환	
효율화 전략	규모의 경제 (Economies of Scale)	롱테일 경제 (Long-Tail Economy)
	기존에는 생산 효율성과 단가 절감을 위해 소수의 인기 상품을 대량으로 생산하는 '규모의 경제'가 중심이었지만, 오늘날에는 사용자의 다양한 니즈를 만족시키기 위해 다품종 소량 생산과 디지털 플랫폼 기반의 '롱테일 경제' 전략에 주목하고 있다.	

* 위 표는 최은미의 「제조업의 서비스화 지원 컨설팅 프레임워크로서의 4E 모델 연구」(국민대학교 테크노디자인대학원 박사학위 논문)를 참조하여 필자가 재구성했다.

옮기는 것을 의미한다.

제품 지배 논리에서는 물건이나 기술력을 보유한 사람이나 기업이 경쟁력의 주된 원천이며 가치 역시 제품 교환 과정에서 생성된다고 보았다. 반면 서비스 지배 논리는 제품 그 자체보다 사용자가 제품을 사용하는 과정use에서 가치가 창출된다고 보았다.

이러한 관점은 고객을 일회성 거래 대상이 아니라 장기적 관계 속에서 함께 가치를 창조하는 파트너로 인식하게 한다. 그러므로 기업은 고객과의 지속적인 상호작용과 관계 형성을 무엇보다 중시해야 한다. 나아가 다양한 이해관계자가 제조 과정이나 서비스 융합에 참여해 각자의 역량과 자원을 공유하는 협력적 생태계 구축의 필요성도 제기되었다. 이러한 생태계는 기업과 고객, 공급자와 파트너가 함께 지속 가능한 성장 기반을 마련하고, 상호 이익이 순환되는 선순환 구조를 가능하게 한다.[9]

이 변화는 시장의 중심이 대량 생산과 규모의 경제에서 점차 개별화된 수요에 대응하는 맞춤형 생산 체계로 이동하고 있음을 말해 준다. 기업은 더 이상 '평균 고객'을 기준으로 획일적인 제품과 서비스를 제공하지 않는다. 대신 다양한 소비자의 특성과 경험을 반영해 맞춤형 가치 창출로 무게중심을 옮기고 있다.

《파이낸셜 타임즈Financial Times》의 전 편집장 피터 마시Peter Marsh는 새로운 산업혁명이 2040년경까지 계속될 것으로 전망했다. 이 무렵에는 맞춤형 생산이 본격적으로 확대되고 기업들은 대량 맞춤화나 대량 개인화를 통해 소비자에게 더 폭넓은 선택권을 제공하게 될 것이라고 주장했다. 또한 특정 고객군을 대상으로 하는 틈새시장niche market이 세계적으로 성장할 가능성이 크며, 전반적으로 환경 의식의 고양과 함께 재활용이 일상적 소비 행위로 정착될 것이라는 롱테일 법칙은 2004년 《와이어드(Wired)》에서 크리스 앤더슨(Chris Anderson)이 소개한 개념이다. 이 법칙은 한 해에 몇 권밖에 팔리지 않는 비인기 책들의 판매량을 모두 합하면, 오히려 베스트셀러와 맞먹거나 때로는 더 많이 팔릴 수 있다는 사실에서 출발한다.

'롱테일(Long Tail)'이라는 이름은 파레토 법칙(20%가 80%를 차지한다는 법칙)을 그래프로 나타냈을 때, 잘 팔리지 않는 수많은 상품들이 그래프의 꼬리처럼 길게 이어지는 모습에서 유래했다.

예전에는 판매량이 적은 상품이 무시되기 쉬웠지만, 인터넷과 물류 기술이 발전하면서 이런 상품도 모이면 의미있는 수익을 낼 수 있게 되었고, 이를 '롱테일 현상'이라고 부른다.

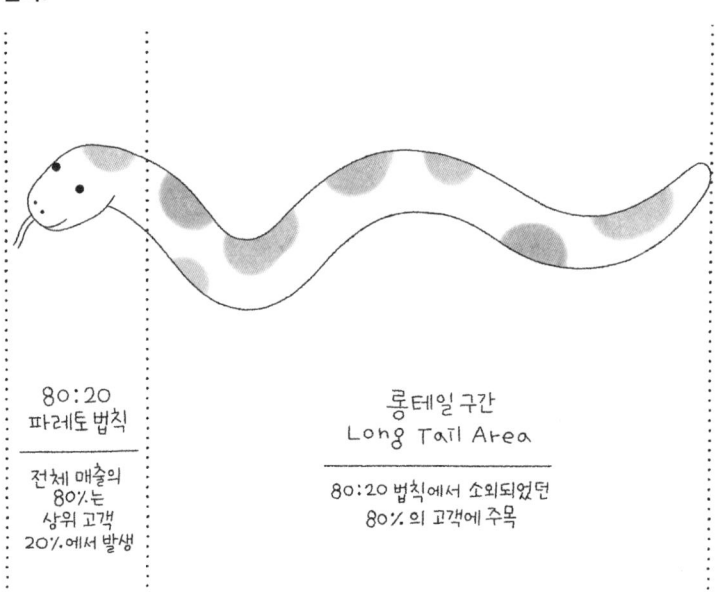

지속 가능성 중심의 전망도 함께 내놓았다.[10]

이 흐름을 타고 그동안 주류 시장에서 상대적으로 소외되었던 롱테일Long Tail 구간의 수요가 새로운 고객층으로 떠오르고 있다. 과거에는 수요가 적어 비주류로 분류되던 소수 고객층이 디지털 기술과 데이터 기반 개인화의 확산에 힘입어 본격적인 소형 시장으로 형성되고 있는 것이다. 다양한 소비자의 특성과 경험을 반영한 맞춤형 시장은 새로운 성장 동력으로 자리를 넓혀가고 있다.

제조업의 서비스화

제조업의 서비스화servitization는 고객의 니즈를 충족시키고 경쟁 우위를 확보하기 위해 제조 기업이 고객 중심의 서비스 전략을 채택하는 것을 의미한다. 렌과 그레고리G. Ren & M. J. Gregory, 2007는 서비스화를 이러한 전략적 변화로 정의한다. 한편 제품과 서비스의 융합을 촉진하는 주요 요인으로 고객 만족도 향상을 위한 고객 지향Customer Orientation, 새로운 시장 개척을 위한 시장 개발Market Development, 외주 필요성에 따른 아웃소싱Outsourcing Requirement, 그리고 신기술 접목에 따른 기술 진보Technological Advancement를 제시했다.

이러한 요인 외에도 기업의 경영 여건과 전략, 사회·환경적 변화, 내부 역량이 유기적으로 작용하며 서비스화는 더욱 폭넓게 확산되고 있다.

사실상 서비스화를 도입한 많은 기업은 수익성을 개선하고 부가가치를 높였으며, 제품의 전 생애주기를 체계적으로 관리해 환경 부담을 줄이는 데에도 유의미한 기여를 하고 있다. 특히 지속 가능성이 21세기 기업 투자 판단의 중요한 지표로 부상하면서 서비스 중심 전략은 차별화를 위한 주요 경쟁 방식으로 점차 채택되고 있다.

서비스화는 기업과 고객 간 상호작용 수준을 높여 기업이 고객에게 더 맞춤화된 가치를 지속적으로 제공할 수 있게 한다. 뿐만 아니라 제품 사용 효율을 높여 사회적 과소비를 줄이고, 가치 창출 과정에 다양한 이해관계자의 참여를 유도하는 등 여러 측면에서 긍정적 효과를 낳는다.

서비스화 전략의 대표적 사례로 IBM을 들 수 있다. 한때 PC 시장을 주도했던 IBM은 2005년 자사의 PC 사업 부문을 중국의 레노버Lenovo에 매각했다. 이후 기업용 소프트웨어, 전산시스템 구축, 컨설팅 등 IT 서비스를 중심으로 사업 구조를 재편하면서 산업 내 정체성을 바꾸는 혁신을 단행했다. 이러한 변화는 제조업 전반에 서비스화의 중요성을 환기시키는 계기가 되었다.

영국의 롤스로이스Rolls-Royce 또한 주목할 만한 사례다. 항공기 엔진을 제작·판매하던 세계 3대 항공기 제조사였던 롤스로이스는, 애프터서비스 차원에서 시작한 '토탈 케어Total Care' 서비스로 비즈니스 모델을 혁신적으로 전환했다. 특히 엔진에 부착한 IoT 센서로 상태를 실시간으로 모니터링하고 지속적인 유지관리 서비스를 제공함으로써 항공사의 안전하고 효율적인 운항을 지원하는 파트너로 거듭났다.

한때 엔진, 기계, 헬스케어 등 제품 판매가 전체 매출의 80%를 차지했던 GEGeneral Electric도 오늘날에는 제품뿐 아니라 유지관리, 컨설팅, 금융리스 등 서비스를 통합한 솔루션 패키지를 제공하는 방향으로 사업 모델을 재정비했다. 그 중심 전략 중 하나인 '산업인터넷

Industrial Internet'은 제품 진단 소프트웨어와 데이터 분석 솔루션을 결합해, 기계와 기계, 기계와 사람, 그리고 기업 운영 전체를 연결해 설비를 더 효율적으로 운영할 수 있으며, 기업의 수익성 개선에도 기여하도록 설계되었다.

국내에서는 웅진코웨이가 성공적인 사례로 꼽힌다. 1989년 정수기를 중심으로 생활가전 제조업체로 출발한 웅진코웨이는 1997년까지만 해도 전체 매출 554억 원의 77.6%가 제품 판매에서 발생했다. 그러나 1998년 국내 최초로 렌탈 비즈니스와 '코디CODY 방문관리' 시스템을 도입하면서 사업 모델에 본격적인 변화가 일어났다. 이후 서비스 중심 전략이 빠르게 정착되었고 2010년에는 전체 매출의 86%가 렌탈 및 기타 서비스 부문에서 발생하는 등 서비스 중심 비즈니스 모델 전환에 성공했다.

제조 기업의 서비스화 혁신 전략의 또 다른 예로 한국타이어의 '티-스테이션T-station'을 들 수 있다. 한국타이어는 이 서비스를 통해 타이어 교체, 경정비 등 차량 정비를 제공하며 타이어 중심의 자동차 토탈 서비스 기업으로의 변모를 꾀하고 있다. 최근에는 차량 정비가 필요한 고객을 직접 찾아가는 '픽업 서비스'를 도입했으며 서비스 전 과정을 카카오 알림톡으로 사진과 함께 단계별 진행 상황을 안내하는 등 고객 맞춤형 서비스를 강화하고 있다. 이러한 시도는 제조업의 서비스화 전략을 현장에서 구현한 사례로 평가된다.[11]

이 같은 흐름은 글로벌 제조업 전반에서도 활발히 펼쳐지고 있다. 애플의 아이폰 기반의 아이튠즈iTunes 서비스, GM과 BMW의 차량 내 엔터테인먼트 시스템, 스키폴공항에 도입한 필립스의 고객 맞춤형 LED 조명 시스템, 브릿지스톤의 타이어 센서 기술, 복사기 제조에서 문서 관리 시스템 기업으로 탈바꿈한 제록스Xerox, LG전자의 구독형 서비스인 엘지케어솔루션LG Care Solution 등은 모두 ICT 기술을 적극적으로 적용해 제품과 서비스를 유기적으로 결합한 사례다.

2010년대에 접어들며 이러한 변화는 스마트 서비스smart service 개념과 결합되어 더욱 가속화되었다. 기업들은 제품 소유보다는 사용 기반의 지속적 수익을 창출하는 모델로 이동했고 공유경제sharing economy와 사용량 기반 요금제PAYG: Pay-as-You-Go의 도입이 확산되었다. 예컨대 BMW와 폭스바겐은 차량 공유Car Sharing 사업에 진출했으며 독일의 카이저 콤프레서Kaeser Kompressoren는 AaaSAir-as-a-Service 모델을 통해 장비 사용량에 따라 요금을 부과하는 방식을 채택했다.

한편 제조업의 서비스화는 사업 구조 재편으로도 이어지고 있다. 2000년대 이후 많은 제조 기업들이 자체 브랜드 제품 생산을 축소하고 EMSElectronic Manufacturing Services나 ODMOriginal Design Manufacturing과 같은 외주 생산·설계 방식을 폭넓게 도입해 왔다.[12]

이러한 변화의 흐름은 제조 기업들이 부가가치를 높이고 지속 가능한 수익 구조를 확보하려는 전략적 대응으로, 결과적으로 제조업의 본질적 경쟁 요소를 재정의하는 과정으로 해석할 수 있다.

제품·서비스 통합 시스템 'PSS'

제조업의 서비스화는 적용 방식에 따라 서비스 R&DResearch and Development, 서비타이제이션Servitization, 제품·서비스 시스템Product-Service System: PSS 등 세 가지 유형으로 나뉜다.

서비스 R&D는 기술 혁신에 인문학, 사회과학 등 다양한 지식을 접목해 새로운 서비스를 개발하고, 사용자 인터페이스와 전달 방식을 정교화하는 활동이다. 서비스 산업 내부의 혁신을 넘어 제조업과 서비스업 간 융합을 촉진해 산업 간 경계를 허문다.

서비타이제이션은 1988년 판더메르버와 라다Vandermerwe & Rada가 제시한 개념으로, 제품 판매 중심에서 나아가 서비스 제공을 통해 부가가치를 창출하는 개념이다. 비즈니스 모델과 조직 운영, 공급망, 고객 성과 관리까지 폭넓게 영향을 미치며, "무엇을 파는가?"에서 "어떤 성과를 지속적으로 보장할 것인가?"로 초점을 옮긴다.

제품·서비스 시스템PSS은 제품과 서비스를 하나의 솔루션으로 통합하는 접근으로, 서비타이제이션을 구현하는 대표적 유형 가운데 하나로 볼 수 있다.

PSS는 크게 '제품의 서비스화Product servitization'와 '서비스의 제품화Service productization'로 나누어 설명할 수 있다. 제품의 서비스화는 자전거 공유 시스템이나 프린터 임대 서비스처럼 제조업이 물리적 제품을 토대로 서비스로 제공하는 형태를 의미한다. 반면 서비스의 제품화는 ATM 기기나 e북 단말기처럼 서비스를 물리적 장치를 통해 전달하는 구조다.

이와 관련해 한국무역협회 양지원 연구원[13] 등은 제조업의 서비스화를 가치사슬 기준으로 '생산 이전'과 '생산 이후' 단계로 구분하고, 각 단계에서 어떤 서비스 활동이 부가가치를 만드는지 분석했다. 이 분류는 가치사슬의 어느 구간에서 어떤 서비스 활동을 결합할지를 가늠하게 해주며, 최적의 서비스 조합으로 고객 가치를 높이는 구체적 실행 방안을 도출하는 데 유용하다.

제품·서비스 시스템은 1990년대 중반 유럽연합EU과 유엔환경계획UNEP의 정책적 지원을 계기로 유럽에서 본격적으로 논의되기 시작했다. 이후 네덜란드, 영국, 스웨덴 등으로 확산되었으며 2000년대 들어 일본과 한국에서도 활발히 연구되고 있다.

초기 연구는 주로 환경과 사회과학 분야가 주도했다. 제품의 생산에서 폐기까지 전 생애주기를 살피며 서비스를 결합하면 환경 오염을 줄일 수 있다는 기대가 컸고, 논의는 지속 가능성과 순환경제 circular economy 관점으로 전개되었다. 그 과정에서 재활용과 폐기 이후까지 포괄하는 에코 시스템 설계가 중요한 과제로 떠올랐다.

최근에는 사물인터넷IoT, 클라우드, 빅데이터, 인공지능AI 등 이른바 4차 산업혁명 기술이 제조업의 서비스화를 촉진하며 활력을 불어넣고 있다. IoT 센서는 실시간 데이터를 모아 이상 신호를 조기에 포착하고, AI와 클라우드 분석은 성능 최적화와 맞춤형 서비스를 가능하게 한다. 이런 기술 융합을 통해 PSS는 환경적·경제적·사회적 가치를 통합한 지속 가능한 솔루션으로 진화하고 있다.

지속 가능 사회를 위한 정책이 강화되면서 제품과 서비스를 통합한 비즈니스 모델 연구도 본격화됐다. 이러한 배경 속에서 아놀

생산 전 단계		생산 단계	생산 후 단계		
기획	디자인	생산	마케팅	유통·판매	고객서비스 (유지·보수)
초개인화된 맞춤형 디자인: 빅데이터 및 고객 수요 분석에 기반한 맞춤형 제품 기획 및 서비스 개발		AI, IoT, 클라우드, 3D 프린팅, 로봇, 디지털트윈 등을 활용한 스마트팩토리 운영 등	컨설팅, 솔루션 등 제품에 서비스를 더한 최종재 판매 방식과 공유 경제, 구독 경제 등 새로운 비즈니스 모델로 시장 진입 및 확장		
수요자 경험 중심		기술 중심	수요자 경험 중심		

* 양지원의 「제조업의 미래 Ⅱ, 제조업의 서비스화 사례와 우리 기업의 혁신 전략」, 한국무역협회 《TRADE BRIEF》 No. 19, 2022. 11. '가치사슬 단계별 서비스화 유형' 표를 기반으로 필자가 재구성했다.

드 터커Arnold Tukker, 2004는 PSS를 제품 중심Product-oriented, 사용 중심 Use-oriented, 결과 중심Result-oriented의 세 범주로 분류하고 이를 다시 8개의 유형으로 세분화했다.

제품 중심 PSS 유형은 제품의 기능 고도화와 기술 경쟁력을 주축으로 삼고, 여기에 부가 서비스를 결합하는 것이 특징이다. 기본 구조는 여전히 제품 판매 중심이지만 유지보수, 수리, 부품 교체, 교육, 컨설팅과 같은 다양한 연계 서비스를 통해 고객 가치와 만족도를 높이고 제품 전 생애주기의 성과를 개선한다.

대표적으로 캡슐 커피 머신은 머신 본체에 캡슐 공급을 결합한 모델이다. 애플의 아이폰 역시 하드웨어 판매를 기반으로 하지만, 앱스토어App Store 플랫폼을 통해 다양한 어플리케이션·콘텐츠·결제를 연결해 사용자 경험을 넓혀가고 있다. 한국타이어의 티-스테이션 서비스도 타이어 판매에 점검·교체·상담 등 애프터서비스를 묶는다. 이 외에도 HP의 프린터 구독형 잉크 서비스는 프린터 사용량에 따라 잉크를 자동 배송해주는 방식으로 제품 사용의 편의성을 높였다.

가천대 길병원의 당뇨 관리 서비스는 자가 혈당 측정기를 제공하고 환자의 측정 데이터를 바탕으로 원격 진단과 건강 컨설팅을 실시해 의료기기와 서비스를 하나의 경험으로 연결한다.

다음으로, 사용 중심 PSS는 제품을 소유하지 않고 정해진 기간의 사용 권한을 부여받는 방식이다. 제품의 소유권은 기업에 남아있으며 사용자는 사용 종료 시 제품 교환, 소유권 이전, 재렌탈 등의 선택권을 갖는다.

이 모델은 일반적으로 세 범주로 분류된다. 첫째, 제품 임대 Product Lease는 장기 사용권을 제공하는 형태로, 소유권은 공급자에게 남고 사용자는 정기 요금을 납부한다. 자동차 리스나 복사기 리스 등이 대표적이다. 둘째, 제품 대여 또는 공유Product Renting/Sharing는 단기 이용 또는 수시 접근에 초점을 둔다. 자동차 렌트 및 공유 서비스, 정수기·공기청정기 등의 생활가전 렌탈, 공구 대여, 도서 공유, 공유 오피스 등이 이에 해당한다. 셋째, 제품 풀링Product Pooling은 하나의 제품을 여러 사용자가 함께 사용하거나 순차적으로 공유하도록 설계된 방식이다. 공유 자전거와 전동 킥보드 등이 전형적예다.

세 범주는 공통적으로 소유권을 공급자에게 남기고 '사용' 자체를 거래 대상으로 삼는다. 그 결과 사용자는 필요한 만큼 유연하게 이용하며 비용을 절감하고 기업은 반복적이고 지속적인 수익 창출과 자원 재활용의 기회를 얻을 수 있다.

마지막으로, 결과 중심 PSS는 제품의 사용 그 자체보다 사용 결과에 따라 비용을 지불하는 방식이다. 공급자는 자산의 소유권과 운

아놀드 터커의 제품·서비스 시스템의 8가지 유형 분류[14]

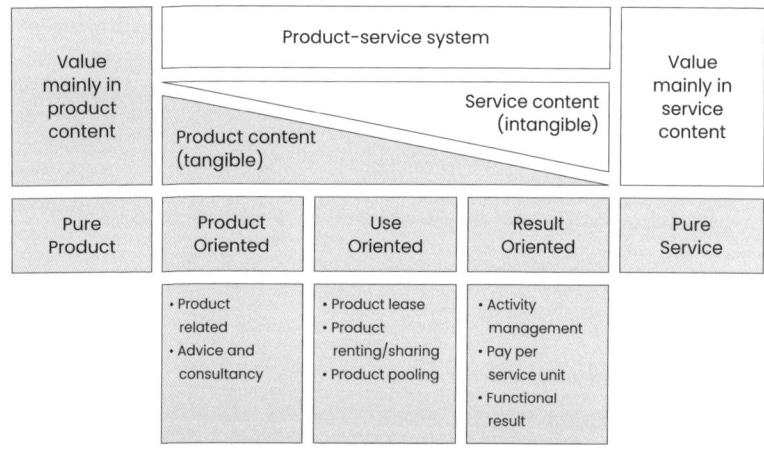

영 책임을 유지하고, 고객은 가동시간, 처리량, 절감액 등의 성과지표 또는 사용량에 따라 요금을 지불한다. 제품은 별도 판매하지 않거나, 기기 제공 비용을 성과 기반 요금에 내재화하는 것이 일반적이다.

롤스로이스는 엔진 판매나 리스와는 별개로 고객의 비행 시간에 따라 과금하는 결과 기반 과금 구조를 채택하고 있다. 제록스는 복사기를 무상으로 설치해주고 복사 매수 등 사용량에 따라 비용을 청구한다. 에어컨 제조업체 요크York는 에어컨 설치와 운영을 대행하며 고객은 냉방량을 기준으로 요금을 지불한다. 이처럼 결과 중심 PSS는 고객이 원하는 결과outcome를 얻는 데 집중하며, 제품의 소유와 운영에 따르는 부담을 줄여주는 서비스 형태이다.

한편 고객 중심의 순수 서비스형 모델은 제품 의존도가 거의 없다. 우버, 에어비앤비, 배달의 민족, 당근마켓 같은 플랫폼과 넷플릭스 같은 구독형 콘텐츠 서비스는 사용자의 맥락과 행동 데이터를 학습해 개인화된 경험을 제공한다. 가치의 원천은 하드웨어가 아니라 데이터·알고리즘·네트워크 효과다.

제조업의 서비스화는 궁극적으로 고객의 사용 가치를 극대화하고 지속 가능한 경쟁력을 확보하려는 전략이다. 이에 제품과 서비스를 기술·데이터와 긴밀히 연동해 고객에게 최대의 효용과 경험을 증대시키는 방향으로 나아가야 한다.

과거에는 제품이 판매되는 순간 기업과 고객 사이의 관계가 종료되는 것이 일반적이었지만 오늘날에는 오히려 제품 구매 이후부터 고객과의 관계가 본격적으로 시작된다. 그 과정에서 유지관리·업그레이드·구독 등 새로운 형태의 부가가치가 창조된다. 특히 제품의 상향 평준화와 기술의 보편화로 인해 제품 자체만으로는 경쟁 우위를 확보하기 어려워졌으며, 서비스·데이터·플랫폼 역량이 차별화의 핵심으로 부상하고 있다.

고객의 요구는 점점 더 다양해지고 변화 속도 또한 빨라지고 있다. 이제 고객은 제품 자체보다 그것이 제공하는 경험과 가치를 더욱 중시하며, 사용자 경험을 개선한 기업이 유의미한 매출 향상으로 이어진다는 연구가 다수 보고되어 왔다. 따라서 고객의 니즈를 세심하게 파악하고, 불편점Pain Point을 제거하며, 원하는 서비스를 적시에 제공할 역량을 구축해야 한다.

반 루이Van Looy, 2003는 제조업의 서비스화가 고객과 공급자 간 상호작용 속에서 가치의 공동 생산이 이루어진다고 보았다. 서비스는 본질적으로 고객의 참여가 필수적이며 생산과 소비가 동시에 발생하고 무형적이어서 재고로 축적하거나 소유하기 어려운 특성이 있다. 이에 기반해 기존의 제품 중심의 일방향적 가치 전달 방식과 달리 고객이 서비스 설계와 제공, 개선 과정에 능동적으로 참여하도록 설계해야 한다고 주장한다.

제조업의 서비스화는 단지 기능을 추가하는 문제가 아니다. 가치사슬의 재설계, 제조 공정의 혁신, 새로운 비즈니스 모델 구축이라는 경영 과제이자 제품과 서비스를 통합 설계하는 기술적·디자인적 도전이기도 하다. 성공적인 서비스화를 위해서는 기업, 제품, 고객을 하나의 유기적 시스템으로 바라보고 경영·공학·디자인·사회과학을 아우르는 학제 간 융합적 사고와 협력이 필수적이다.[15]

Social Innovation Strategy of Service Design

2. 서비스와 고객 중심 경영

오늘날 서비스는 일상을 지탱하는 인프라다. 이동통신이 멈추면 사회적 관계 유지는 물론, 늦은 출근길에 택시를 부르는 일조차 쉽지 않다. 배달서비스는 또 어떠한가. 스마트폰만 있으면 음식과 각종 생필품 등 원하는 물건을 손쉽게 구매할 수 있다. 마치 알라딘의 요술램프 속 지니처럼, 우리는 모바일 기술을 통해 인류 역사상 유례없는 최고 수준의 맞춤형 서비스를 실시간으로 누리고 있다.

코로나19 팬데믹은 이런 흐름을 가속화했다. '비대면Untact'이라는 신조어와 함께 드라이브 스루, 원격 교육·회의, 비대면 진료 등이 보편화되었고 곧이어 대면과 비대면이 공존하는 하이브리드 운영이 정착했다.

동시에 기존의 교육, 유통, 금융, 관광, 법무, 전시, 게임, 엔터테인먼트 등 전통적 서비스 산업은 클라우드·결제·지도·위치·스트리밍 같은 디지털 인프라와 결합해 새로운 형식의 서비스를 만들어내고 있다. 최근에는 메타버스와 XR eXtended Reality, 확장현실 기술이 융합되면서 현실과 디지털의 경계가 낮아진 환경에서 새로운 서비스가 시도되고 있다. 서비스 산업은 타 산업의 가치사슬과 결합하며 혁신적인 신생 서비스를 만들어내는 데 중심축으로 작용하고 있다.

서비스 개념의 진화

역사적으로 서비스는 경제와 산업의 주변부에 머물며 보조 수단으로 취급되어 왔다. 생산에 직접 결부되지 않고 독립적인 수익을 내지 못한다는 이유로 비생산적인 활동으로 간주되었다.

그러나 1980년대 이후 서비스 자체로도 수익을 창출할 수 있다는 인식이 사회 전반에 퍼지면서, 서비스의 개념과 활동 범위가 넓어졌다. 1990년대에 들어 인터넷, 전자상거래, 정보통신기술 ICT의 발전은 서비스 산업 전반의 구조적 변화를 견인했다.

이 연장선에서 2004년 전후 IBM을 중심으로 '서비스학 Service Sciences'에 대한 글로벌 학제 간 논의가 본격화됐다. 이른바 '온디맨드 비즈니스' 논의를 매개로 분산돼 있던 비즈니스 모델, 프로세스 전략, 인력·조직 설계 주제를 하나의 체계로 통합하려는 시도가 추진되었다.

이어 2000년대 중반에는 《하버드 비즈니스 리뷰 Harvard Business Review》등 주요 경영 저널이 서비스 혁신을 핵심 화두로 조명하면서 서비스 경영과 서비스 공급 사슬 관리 Service Supply Chain Management: SSCM 분야가 학계와 산업계 모두로부터 높은 관심을 받게 되었다.

서비스의 위상이 높아지자 서비스에 대한 정의도 다양하게 제시되었다. 대표적으로 미국마케팅협회American Marketing Association: AMA는 서비스를 "상품 판매와 연계되거나 혹은 독자적으로 제공되는 활동, 혜택 또는 만족"으로 정의하였다. 서비스 경영 연구 초기 학자인 리처드 베솜Richard Bessom, 1973은 서비스를 "소비자가 스스로 행할 수는 없지만 소비자에게 가치 있는 효익이나 만족을 제공해주는 모든 활동"으로 보았다. 또한 현대 마케팅학의 대표 이론가인 필립 코틀러와 개리 암스트롱Philip Kotler & Gary Armstrong, 1988은 서비스를 "본질적으로 무형적이며 제공 과정에서 소유권이 이전되지 않는, 일방이 타인에게 판매를 목적으로 한 활동이나 혜택"으로 규정했다.

종합하면, 이들 견해는 서비스를 본질적으로 무형의 활동으로서 소비자에게 효익이나 만족을 제공하는 가치 전달 행위로 공통 인식하고 있음을 알 수 있다.

서비스 개념의 진화에 따른 서비스 특성[16]

1960년대	1990년대	2000년대
제품의 보조 수단 개념	모든 산업에 서비스 개념 포함	서비스 경제의 심화
• 제품 지배 논리 • 서비스는 제조의 보조 활동으로 판매 촉진을 위해 제공되거나 혹은 상품 판매에 수반되는 활동 • 서비스 마케팅 개념 시작 • 제품과 서비스 차이에 대한 논의	• 서비스 품질 분석 및 고객 분석 등 다양한 관점의 분석 시작 • 서비스를 수익 창출 요소로 인식 • 제품에 서비스가 통합되는 방식으로 서비스를 인식	• 인터넷 및 소셜 미디어의 활성화로 서비스 이용자의 네트워크 형성, 사회·경제 전반에 서비스의 비중 증가 • 서비스 지배 논리, 서비스 패러다임의 변화 • 다학제적 성격의 서비스학 등장 • 제조업의 가치사슬 확장 및 서비스화를 통한 비즈니스 모델 변화
서비스 제공자 중심	서비스 제공자뿐만 아니라 고객의 효익과 가치 등을 고려	고객과의 상호작용 및 고객 참여 활성화, 쌍방향 소통 구조와 수평적 관계 지향

서비스는 일반적으로 인적자원, 원재료, 돈, 기술, 장비 등의 요소를 투입해 특정 결과물을 산출하는 일련의 프로세스로 구성된다. IPO Input-Process-Output 모델에 따르면 이 과정은 투입Input, 변환Process, 산출Output의 세 단계로 이루어지며 각 단계는 긴밀하게 연계되어 있다. 이 구조 안에서 다양한 자원이 결합되고 변환되어 고객에게 경험, 편익, 문제 해결과 같은 무형의 가치가 제공된다.

중요한 점은 서비스가 제공자의 일방적인 활동이 아니라, 제공자와 고객 간 상호작용을 통한 공동 창출의 결과물이라는 사실이다. 이 지점이 서비스가 여타 산업 활동과 구별되는 결정적 특징이다.

예를 들어 병원에서는 의사, 간호사, 진료실, 의료 장비, 실험실 등의 자원을 투입하고 진찰, 검사, 수술, 투약, 치료 등의 변환 활동을 거쳐 '건강을 회복한 환자'라는 서비스 결과를 산출한다. 그러나

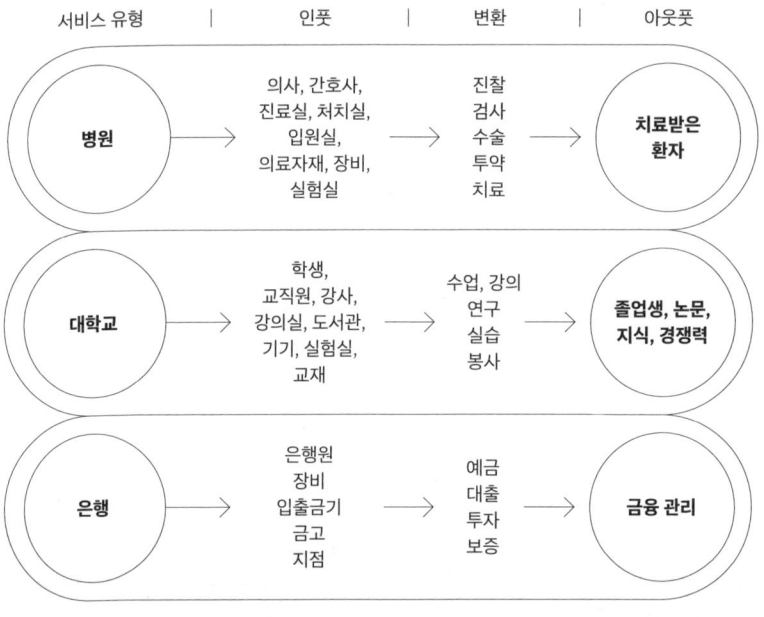

2장 ∘ 사회혁신 전략 '서비스디자인'

이 결과는 환자의 정보 제공, 협조, 치료 참여와 같은 능동적 개입 없이는 완성될 수 없다.

마찬가지로 은행 역시 직원, 자동입출금기ATM, 금고, 지점 등의 자원을 투입하고 예금, 대출, 투자, 보증 등의 금융 활동을 거쳐 이자 수익이나 대출 실행과 같은 서비스 결과를 실현하지만, 고객의 의사결정, 정보 입력, 위험 감수와 같은 참여 행위가 서비스 결과에 영향을 미친다.

그러므로 고객은 서비스의 수동적 수혜자가 아니라 가치 창출에 직접 관여하는 공동 생산자이자 핵심 파트너다. 서비스 프로세스의 성패는 고객 참여의 깊이와 질에 좌우되며 고객 경험과 서비스 품질 또한 이 상호작용 속에서 결정된다. 더 나아가 고객 피드백이 설계·운영에 표준화된 방식으로 환류될 때 학습과 개선의 선순환이 형성되어 서비스는 계속해서 진화하게 된다.

서비스 품질과 고객 만족

고객에게 최상의 서비스 결과물을 제공하기 위해 어떤 운영 전략이 필요할까? 칼 알브레히트와 론 젬케Karl Albrecht & Ron Zemke, 2001는 서비스 운영 체계를 '서비스 트라이앵글Service Triangle 모델'로 설명한다.

서비스 트라이앵글은 고객을 중심에 두고 기업의 서비스 전략, 서비스 전달 시스템, 종업원 및 이해관계자가 상호 유기적으로 연결된 구조다. 서비스를 생산·지원하는 내부 시스템, 고객에게 서비스를 전달하는 조직 구조, 고객의 기대를 형성하고 관리하는 마케팅 활동이 조화를 이룰 때, 고객에게 일관된 서비스 경험이 가능해지고 우수한 결과로 이어질 수 있다. 반대로 세 요소 중 하나라도 제대로 작동하지 않으면 서비스 품질은 크게 저하될 수 있다. 따라서 경영진은 고객 관점에서 조직 내부의 자원과 운영 체계 전반을 종합적으로 설계하고, 전략·시스템·인적 자원을 하나의 목표 아래 통합하여 일관되게 작동하도록 해야 한다.

이 모델은 고객을 삼각형의 중심에 둔다. 이는 "우리 회사의 중심은 바로 고객"이라는 메시지를 분명히 한다. 그에 따라 서비스 전략의 출발점은 고객의 니즈이며, 이에 맞춰 모든 시스템과 운영 설계가 고객 중심으로 기획·실행되어야 한다. 이를 뒷받침하려면 종업원을 포함한 모든 구성원이 서비스 전략을 명확히 이해하고 고객 지향적 태도를 갖추어야 한다.

서비스 트라이앵글 내부에는 다양한 상호작용이 존재하지만 그중에서도 특히 종업원과 고객이 직접 마주하는 순간, 즉 '진실의 순간Moment of Truth'이 서비스 품질과 고객 만족을 좌우하는 결정적 접점이다.

이 개념은 스칸디나비아항공SAS의 최고경영자였던 얀 칼슨Jan Carlzon이 1987년 출간한 저서 『진실의 순간Moment of Truth』을 통해 알려졌다. 그는 이 책에서 다음과 같은 인상적인 메시지를 남겼다.

"지난 한 해 동안 천만 명의 고객이 서비스를 받기 위해 우리 직원들과 다섯 번 정도 만났고 그 만남은 평균 15초에 불과했다. 그렇다면 우리 스칸디나비아항공사는 한 번에 15초, 연간 5천만 번의 서비스가 창조되는 회사라고 할 수 있다. 그리고 이 5천만 번의 서비스는 바로 15초라는 '진실의 순간'에 의해 회사의 성패가 결정된다."

칼슨은 이러한 철학을 전사적으로 실행해 연간 800만 달러의 적자를 7,100만 달러 흑자로 탈바꿈시키는 놀라운 성과를 이끌어냈다. 이후 이 개념은 서비스 경영Service Management 분야에서 중요한 이론으로 자리잡았다.

'진실의 순간'은 고객이 종업원이나 기업의 자원·시스템과 상호 작용하는 아주 짧은 접점으로, 이때 고객은 기업의 서비스 수준을 평가한다. 이를테면 호텔에 체크인할 때 프런트 직원과 처음 만나는 순간, 혹은 매장 입구에서 직원의 첫 안내가 이에 해당한다.

이 순간은 고객 응대 이상의 의미로, 고객의 기억에 남는 인상을 만들고 기업 이미지와 신뢰 구축에 결정적으로 작용하며 재이용·추천 등 후속 행동에도 영향을 미친다. 그래서 고객이 경험하는 모든 '진실의 순간'을 일관된 긍정적 경험으로 인식되도록 설계·관리하는 일은 혁신과 성장을 촉진하는 서비스 경영의 중요한 과제다.

일반적으로 바람직한 서비스 경영의 목적은 '서비스를 제대로 수행하는 것'으로 고객이 원하는 가치를 효율적이면서도 효과적으로 제공해 재구매로 이어지게 하는 데 있다. 이때 재구매 의도에 결정적인 영향을 미치는 변수가 바로 '고객 만족'이다.

서비스 품질 평가에서 고객 만족은, 고객이 서비스를 받기 전에 가졌던 기대 수준과 실제 경험한 서비스 수준의 비교로 결정된다. 현장에서 체감한 서비스가 기대를 상회할 경우, 고객은 특별한 경험으로 인식하며 감동으로 이어진다. 이에 반해 기대에 미치지 못할 경우 서비스는 낮은 품질로 평가되고 불만족으로 연결된다. 기대와 실제가 비슷할 경우에는 비교적 만족스러운 수준으로 인식한다.[17]

고객의 기대와 인식 간 차이에 주목하여, 아난타나라야난 파라슈라만과 밸러리 자이다믈, 레너드 베리Ananthanarayanan Parasuraman, Valarie A. Zeithaml & Leonard L. Berry는 1985년 서비스 품질의 개념 모형과 GAP 모델을 제시했고 이를 토대로 1988년 계량화된 SERVQUAL

서비스 트라이앵글은 기업의 '서비스 전략', '종업원', '시스템'이 유기적으로 연결될 때, 최종 사용자에게 만족도 높은 서비스를 제공할 수 있음을 보여준다.
이 개념은 전략 수립부터 실행에 이르기까지 전 과정을 사용자 중심으로 설계하고, 조직 구성원 모두가 서비스 전략을 명확히 이해하는 것이
중요하다고 강조한다.

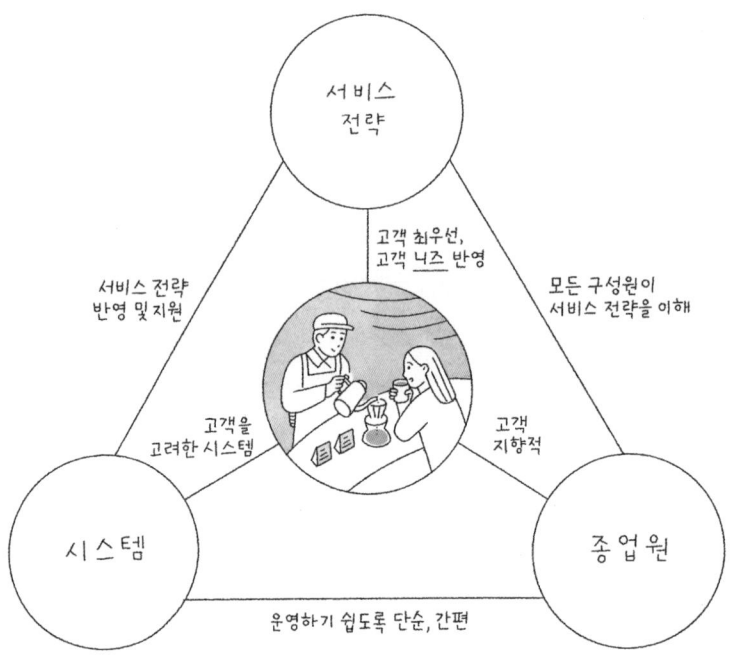

측정도구를 발표했다. 이들은 고객 만족에 영향을 미치는 기대-지각 불일치를 'GAP 5'로 정의하고 그 원인을 진단하기 위해 다섯 가지 간극을 설명했다. 이 틀은 고객이 갖는 사전적 기대와 실제 경험된 성과 사이의 차이가 어디에서, 왜 발생하는지를 진단하고 원인별 개선 방향을 제시한다.

이 모델의 첫 번째 갭은 '지식 갭Knowledge Gap'으로, 고객의 기대와 이를 기업이 이해·해석한 수준 사이의 차이를 뜻한다. 고객이 원하는 바를 기업이 정확히 포착하지 못할 때 발생하며, 주로 불충분한 시장 조사나 고객 관찰 부족, 데이터 해석 미흡에서 기인한다.

두 번째는 '정책 갭Policy Gap'으로, 기업이 파악한 고객 기대와 실제 서비스 설계 간의 불일치에서 발생한다. 주로 기업 내부의 역량 부족, 표준화·시스템화의 미비 등에서 비롯되며 서비스 프로세스 정비와 내부 운영 체계 강화를 통해 어느 정도 극복 가능하다.

세 번째는 '전달 갭Delivery Gap'이다. 설계된 서비스와 실제로 고객에게 전달되는 서비스 간의 차이에서 발생하는 것으로, 직원의 수행 능력 부족, 서비스 제공 과정의 오류, 운영 체계의 미흡 등이 원인이다. 이를 해소하기 위해서는 명확한 서비스 기준과 절차 마련, 직원 교육, 매뉴얼 등 운영 관리 체계의 강화가 필요하다.

네 번째는 '커뮤니케이션 갭Communication Gap'으로, 기업이 광고나 홍보 등 외부 커뮤니케이션에서 약속한 내용과 고객이 실제로 겪은 경험이 다를 때 생긴다. 과장된 문구나 마케팅과 현장 운영이 괴리가 생기면 간극이 커질 수 있기 때문에 과장 없이 현실적 안내, 약속 관리, 채널 간 일관성이 필수다.

마지막으로 다섯 번째는 '인지 갭Perception Gap'이다. 이는 고객의 사전 기대와 실제 지각된 성과 사이의 차이로 앞서 네 간극이 누

SERVQUAL(GAP 5) 모델은 고객의 기대와 실제 서비스 경험 간의 차이에 주목해, 서비스 품질을 결정짓는 다섯 가지 불일치 요인을 진단함으로써, 고객 만족도 향상과 서비스 개선 전략 수립에 주요 기준을 제공한다.

GAP 1: 사용자 기대 ↔ 기업 인식 간 차이: 시장조사 부족, 고객 목소리 수렴 미흡
GAP 2: 기업 인식 ↔ 서비스 설계 간 차이: 고객 니즈는 알지만 서비스 설계에 충분히 반영되지 않은 경우
GAP 3: 서비스 설계 ↔ 실제 서비스 제공 간 차이: 종업원 교육 부족, 자원 부족, 전달 과정 미흡
GAP 4: 서비스 제공 ↔ 대외 커뮤니케이션 간 차이: 광고, 안내문, 홍보 등에서 과장된 마케팅이 주된 원인
GAP 5: 사용자 기대 ↔ 실제 서비스 경험 간 차이: 앞선 네 가지 갭의 누적 결과로 나타나는 기대와 체감 불일치

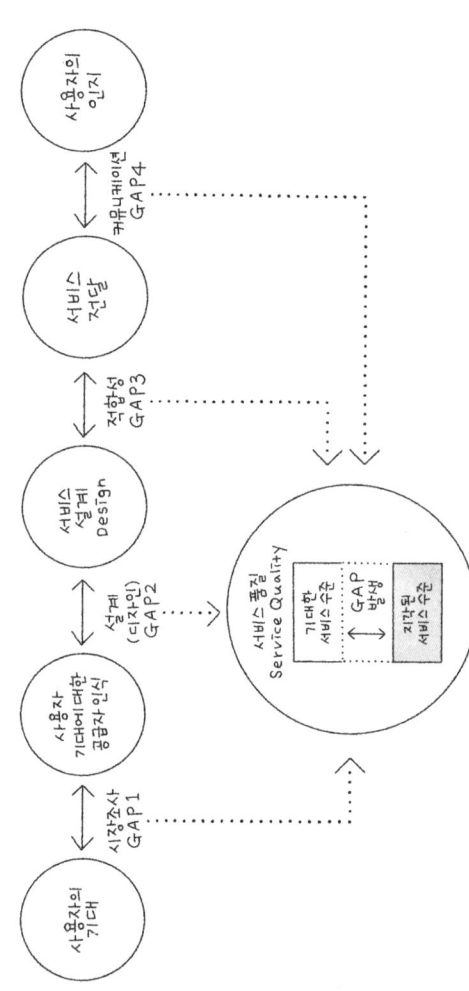

적되어 나타나는 총체적 평가의 격차다. 이 격차를 줄이기 위해서는 서비스 수준과 제약조건을 사전에 명확히 안내하고 지연이 예상될 경우 조기에 알리며, 문제가 발생하면 즉각적으로 사과·보상·재처리를 시행하는 등 기대치 관리와 서비스 회복을 체계화해야 한다.

예를 들어 한 고객이 인스타그램이나 예약 사이트에 게시된 사진을 보고 호텔이 넓고 깨끗하며 쾌적할 것으로 기대했다고 해보자. 그러나 호텔 측은 고객이 소셜 미디어에 올릴 수 있는 예쁜 인테리어 소품과 포토존을 더 중시할 것으로 오인GAP 1하고, 객실 가구나 청결 관리 등의 요소를 상대적으로 덜 중요하게 설계GAP 2했다. 이후 호텔을 방문한 고객은 프런트 직원의 미흡한 응대GAP 3에 첫인상이 나빠졌고, 객실과 가구의 청결 상태가 온라인 사진과 달라 광고와 실제 경험의 차이GAP 4가 발생했다. 전반적인 서비스 품질에 실망을 느낀 고객은 사전 기대와 지각된 성과 사이에 최종적인 격차GAP 5가 형성된다.

이 간극들은 외부 고객에게만 해당되는 문제가 아니다. 프런트 응대에서 보듯 서비스 전달자이자 내부 구성원인 종업원의 태도와 만족도 역시 고객 경험에 직접적인 영향을 미친다. 종업원이 불만족 상태이거나 필요한 권한·도구가 부족하면 약속된 서비스 수준을 안정적으로 제공하기 어렵다. 그런 이유로 기업은 고객이 서비스를 어떻게 인식하는지를 지속적으로 모니터링하는 한편, 조직 구성원과 이해관계자의 니즈가 운영 체계와 유기적으로 연계되도록 주의를 기울여야 한다.

나아가 고객 경험 접점touchpoint을 기준으로, 고객·종업원·환경을 함께 보는 통합적 설계를 적용하는 것이 바람직하며, 이는 서비스디자인이 지향하는 사용자 중심 사고와도 부합한다.

3. 서비스디자인

21세기 경영 전략 담론에서 가장 중요하게 다루어지는 주제 중 하나가 '혁신'이다. 여기서의 혁신은 아이디어 제안이나 기술 개발 수준을 뛰어넘는, 새로운 가치를 만들기 위한 총체적 변화와 전환을 의미한다. 이 과정에서 사용자 경험에 대한 깊은 이해와 문제 해결 역량이 전면에 부상하면서 서비스디자인은 혁신을 구체화하고 실행하는 전략적 도구로 조명을 받고 있다. 특히 오늘날 기업 가치가 물리적 제품에서 '서비스'로 이동함에 따라, 서비스의 고유한 특성을 전제로 한 다른 방식의 혁신이 요구된다.

서비스는 형태가 없고 대량 생산이나 표준화가 어렵고, 저장도 불가능하며 제공과 동시에 소멸되는 **특성**•을 지닌다. 이 때문에 제품처럼 구체적인 형태를 설계하거나 결과를 예측하는 데 한계가 있다. 그런 이유로 서비스 혁신은 고정된 절차나 정형화된 방식보다는 사용자의 맥락과 기대를 반영하는 유연한 접근이 적합하다.

디자인 개념의 확장과 진화

'디자인'이라 하면 흔히 멋진 제품이나 세련된 스타일을 떠올리기 쉽다. 지금 독자의 머릿속에 떠오르는 이미지들은 이른바 '좋은 디자인'에 해당할 것이다.

디자인이라는 용어는 시대에 따라 의미가 조금씩 변해 왔다. 가장 널리 쓰이는 의미는 '의장意匠', '도안圖案', '계획', '설계' 등으로, 이는 일본에서 사용하던 용어가 한국에 그대로 전래된 결과이다. 오늘날에는 이러한 번역어 대신 '디자인'이라는 원어 자체를 일상적으로 사용하고 있다. 한국민족문화대백과사전

디자인이 적용되는 범위와 영역 또한 시대의 흐름에 따라 확장되어 왔다. 산업혁명 이전은 장인 중심의 수공업 시대로 디자인과 예술의 경계가 불분명했다. 이후 산업혁명을 계기로 대량 생산과 표준화를 위한 제품 디자인의 필요성이 대두되면서, 비로소 디자인은 예술로부터 분리되어 하나의 독자적인 전문 분야로 자리잡게 되었다. 이 시기의 디자인은 제품의 형상, 구조, 색채 등 주로 물리적 외

- 서비스는 일반적으로 다음과 같은 네 가지 속성을 가지고 있다.
  첫째, 무형성(intangibility)으로 서비스는 제품에 연계되어 제공되기도 하지만 서비스 자체로는 소유 형식이나 물리적 형태를 갖지 않는다. 그래서 정량적인 측정이나 평가가 어렵다. 둘째, 비분리성(inseparability)이다. 서비스는 생산과 동시에 소비가 이루어지기 때문에 생산과 소비가 분리되지 않는 속성이 있다. 고객이 서비스 생산 및 제공 시점에 참여하기 때문에 환경에 영향을 많이 받을 수 있어 집중화된 대규모 생산이 어렵다. 셋째, 이질성(heterogeneity)이다. 서비스는 아무리 매뉴얼로 표준화하고 시스템화한다고 해도 서비스를 제공하는 인적, 상황적 조건이 다르기 때문에 서비스의 품질이나 만족도가 다를 수 있다. 그래서 표준화·규격화가 어렵다. 넷째, 소멸성(perishability)이다. 우리가 자주 이용하는 미용실이나 피부 숍 등의 서비스를 생각해보면 된다. 약속된 서비스 공급량이 끝나면 자연적으로 소멸되고 취소, 반환이 불가능하다. 그리고 중요한 것은 저장이 되지 않고 기억으로밖에 남지 않기 때문에 고객에게 어떻게 기억하게 할 것인가라는 과제를 남긴다.

형과 기능을 중심으로 다루어졌다.

1960년대에는 산업미술, 응용미술 등으로 디자인 영역이 세분화되기 시작했고, 1970년대에는 시각디자인, 제품디자인, 패션, 공예, 환경디자인 등 전문 분야로 분화되어 각기 독자적 영역을 형성했다. 1980년대 이후 디자인은 형태나 스타일링 외에도 경영, 매니지먼트, 크리에이티브 전략으로 영역을 넓혔고, 2000년대에는 경영 전략과 혁신의 중심 도구로 채택되기에 이르렀다. 미적 완성에 머물던 디자인은 이제 문제 해결과 경험 설계를 포괄하는 통합적 문제 해결 역량으로 진화했다.

미국의 심리학자이자 인지과학자로 노벨 경제학상을 수상한 허버트 사이먼Herbert Alexander Simon은 "디자인은 현재의 상태를 더 나은 것으로 바꾸는 것이다"고 정의하며 디자인을 문제 해결을 위한 포괄적이고 총체적인 과정으로 설명했다.

일본의 대표적인 그래픽 디자이너이자 무인양품MUJI의 아트디렉터로 알려진 하라 겐야原研哉, Kenya Hara는 "예술의 기원은 예술가 자신이지만 디자인은 사회에 기원을 둔다. 디자인의 본질은 여러 사람이 공유하는 문제를 발견하고 이를 해결하려고 애쓰는 절차에 있다"고 말하며, 디자인을 보다 철학적이고 본질적인 시각에서 조명했다.

또한 글로벌 디자인 스튜디오 넨도Nendo의 창업자이자 루이비통, 코카콜라, 에르메스, 스타벅스 등 다양한 글로벌 브랜드와 협업해 온 사토 오키Sato Oki는 "디자이너가 하는 일은 기발한 형태를 만드는 것도, 무언가를 멋있어 보이게 하는 것도 아니다. 디자인이란 문제 해결을 위해 새로운 길을 찾는 작업이다."라고 말하며 디자인의 사회적 역할에 대한 통찰을 보여주었다.

이처럼 디자인은 일상생활에서 사용하는 작은 도구의 형태를 설계하는 데서 출발했지만, 오늘날에는 기업의 정체성과 도시, 환경, 정책 전반까지 아우르며 우리 삶의 질을 높이는 종합적 문제 해결 방법론으로 거듭나고 있다.

디자인의 이러한 확장성과 전략적 활용 가능성을 체계적으로 설명한 분류 체계가 바로 '디자인 사다리Design Ladder'다. 2003년 덴마크 디자인 센터Danish Design Centre: DDC가 제안한 이 모델은 디자인이 가치 창출에 어떻게 기여하는지를 네 단계로 구조화해 설명한다.

'비디자인No Design' 단계는 제품·서비스 개발 과정에 디자인 관점이 사실상 전혀 반영되지 않은 상태를 말한다. '스타일링으로서의 디자인Design as Styling' 단계는 제품의 색상, 형태, 포장 등 외형 개선에 한정되어 적용되는 수준이다. '프로세스로서의 디자인Design as Process' 단계는 초기 기획부터 개발·출시·운영에 이르기까지 디자인을 적용해 제품·서비스의 사용성과 경험을 체계적으로 설계하는 수준을 뜻한다. '전략으로서의 디자인Design as Strategy' 단계는 디자인이 브랜드·포트폴리오·비즈니스 모델·조직 운영 등 기업의 경영 전

디자인 사다리

출처: SEE Platform(www.seeplatform.eu/index)

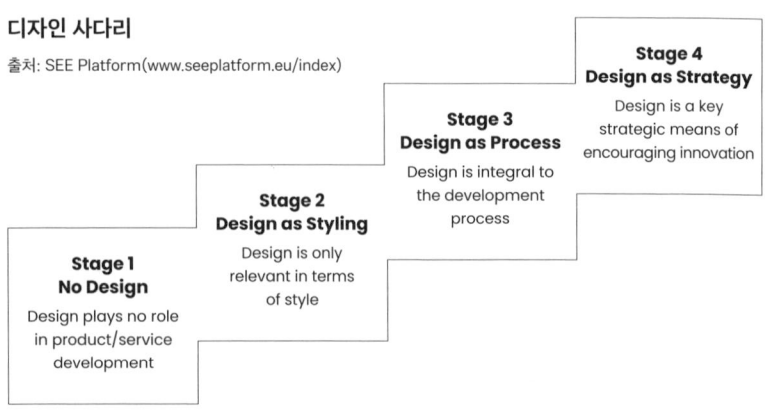

략 수립과 의사결정에 관여하는 단계다.

　이 모델은 조직의 디자인 활용 성숙도와 전략적 잠재력을 진단하는 데 유용한 분석 틀로 제안되었고, 이후 여러 국가와 기관의 정책 프레임워크에 반영되었다. 2013년 영국 디자인 카운슬Design Council 역시 디자인을 부가적 기능이 아닌, 사회 변화를 견인하는 수단이자 혁신의 방법론으로 재정의하며 다음과 같이 밝혔다.

　"오늘날 사회는 경제적으로 지속 가능한 방식으로 최상의 삶의 질을 제공해야 하는 공통적인 과제에 직면해 있습니다. 디자인 사고 Design Thinking은 공공 부문의 다양한 영역에서, 서비스는 물론 정책 전반에 이르기까지 이 과제를 해결하고 시민과의 연결을 촉진하는 데 매우 효과적인 실천 방식입니다. 디자인은 더 이상 추가적인 요소가 아니며, 완전히 통합된 혁신의 방법론으로 자리잡고 있습니다. 특히 서비스와 같이 전통적으로 디자인의 영역으로 간주되지 않았던 민간 부문에서 디자인이 창출하는 막대한 가치에 대한 인식이 확산되고 있습니다. 이와 같은 이유로 공공 부문에서도 디자인 사고를 서비스 제공 및 정책 결정에서 나타나는 구조적 한계를 극복할 수 있는 수단으로 점점 더 받아들이고 있습니다."[18]

　이 관점의 변화는 디자인을 시각적 결과물이나 외형적 꾸밈에 머물게 하지 않고, 문제 해결과 혁신을 이끄는 주요 수단으로서의 위상을 확고히 했다. 과거 '보이는 것'에 집중하던 디자인은 이제 '보이지 않는 것', 즉 시스템, 경험, 정책 등 복합적 문제를 사용자 중심으로 재구성하며 해결을 주도하는 방법론으로 진화하고 있다.

　이러한 변화는 서비스디자인에서 특히 두드러진다. 서비스디자인은 서비스의 외형이나 절차를 개선하는 수준에 머물지 않는다. 제품과 서비스가 지속적으로 성장하고 시장에서 경쟁력을 확보하며,

나아가 사회 문제 해결까지 목표로 한 통합적이고 중장기인 접근이다. 그러므로 서비스디자인은 전통적 디자인 개념을 재정의하며 조직의 경영 전략과 혁신 체계 전반에 개입하는 새로운 패러다임으로 확립되고 있다.

서비스디자인 철학

서비스디자인Service Design이라는 용어는 1982년, 린 쇼스택G. Lynn Shostack이 《유럽 마케팅 저널European Journal of Marketing》에 발표한 「어떻게 서비스를 디자인하는가How to Design Services」라는 논문에서 처음으로 발표했다.

    이어서 1984년 《하버드 비즈니스 리뷰》의 「서비스디자인과 전달Designing Services That Deliver」에서 '서비스 청사진Service Blueprint'을 제시해 서비스디자인 개념을 한층 구체화하고 학계와 산업계에 널리 알리는 계기를 마련했다.

    쇼스택은 이 모델이 서비스의 가시적 요소뿐 아니라, 고객에게 보이지 않는 후면의 절차와 자원까지 포함한 전체 서비스 구조를 시각화한다고 보았다. 이를 설명하기 위해 그는 골목길 구두닦이 서비스를 예로 들고, 구두 손질 과정을 서비스 청사진으로 구조화했다. 특히 고객의 눈에 보이는 가시선Line of Visibility 뒤편, 즉 서비스 이면에서 이루어지는 활동과 자원이 실제 서비스 품질에 중대한 영향을 미친다는 점을 강조했다.

    가령 구두닦이가 어떤 구두약을 어떤 공급자로부터 조달받는지와 같은 요소는 고객 눈에는 보이지 않지만 결과적으로 구두 광택 구두닦이 서비스 청사진은 고객에게 보이는 행동 이면에 있는, 보이지 않는 요소들이 서비스 품질에 영향을 미친다는 점에 주목한다. 서비스 청사진은 사용자가 경험하는 서비스의 전 과정을 단계별로 구조화하고, 각 단계에서 서비스 제공자와 이해관계자의 행위 및 상호작용(interaction)을 시각적으로 구분함으로써 서비스 품질을 체계적으로 분석·관리하고 개선하는 데 효과적인 도구다.

구두닦이 서비스 청사진

의 품질을 좌우할 수 있다.

쇼스택이 구두닦이 서비스를 사례로 서비스 청사진을 체계화해 시각화했고, 이를 통해 서비스 역시 전략적으로 설계되어야 한다는 공감대가 높아졌다. 마치 건물을 지을 때 설계도가 필요하고 제품을 개발할 때 설명서가 요구되듯, 실체가 없는 무형의 서비스에도 고객이 이해할 수 있는 설계와 디자인이 필요하다는 인식을 불러일으킨 것이다.

이처럼 서비스 청사진 개념을 기초로 발전해 온 서비스디자인은 오늘날 미국과 영국을 중심으로, 민간과 공공 부문 모두에서 전략적 도구로 적극 활용되고 있다.

민간 부문에서는 유럽과 미국의 선도적 디자인 기업을 중심으로 제조업의 서비스화와 비즈니스 모델 혁신을 견인하며 기업의 경쟁력 강화에 기여하고 있다. 특히 서비스의 설계와 전달 전 과정에 사용자 중심의 태도를 적용함으로써 고객 경험을 차별화하고 지속가능성을 높이고 있다.

공공 부문에서도 서비스디자인의 중요성은 점차 커지고 있다. 특히 영국의 「Dott07 프로젝트」는 디자인이 사회 문제 해결의 유효한 방법론임을 부각시키며, 이후 다양한 사회혁신 프로젝트들의 출발점이 되었다. 이를 계기로 디자인은 정책, 복지, 교육, 지역 재생 등 공공 서비스 전반에서 새로운 관점으로 도입되어 활발히 추진되고 있다.

한국에서도 급변하는 사회 환경과 복잡하고 다층적인 사회 문제에 대응하기 위해 당사자를 포함한 다양한 이해관계자가 참여하는 협력적 해결 방식으로 서비스디자인이 각광받고 있으며 중앙정부와 지자체, 민간의 파트너십을 통해 적용 영역이 점차 넓어지고 있다.

공공 영역에서의 이러한 확대는 서비스디자인이 단순한 문제 해결 기법을 넘어 인간 중심의 가치와 설계 원리를 바탕으로 작동한다는 점을 시사한다. 이러한 지향은 인간 중심, 공동 창조, 시각화라는 원칙으로 구체화되며 다양한 이해관계자의 참여와 협력을 유도하고 이를 통해 지속 가능한 변화와 사회적 가치의 실현 가능성을 높인다.

요컨대 서비스디자인은 솔루션 개발을 지원하되, 사람의 경험과 관계를 중심에 두고 문제를 이해하고 사유하는 하나의 사고 틀이자 혁신 패러다임이다.

① 인간 중심적 관점

인간 중심적 디자인Human Centered Design: HCD은 서비스디자인의 가장 중요한 특징이자 기본 철학으로, 사용자의 상황과 맥락에 공감하고 이해하는 것을 전제로 그들의 니즈와 목표를 파악하는 데 중점을 둔다.

이 개념은 종종 사용자 중심 디자인User-Centered Design과 혼용되는데, 이에 대한 대표적 견해 차이는 도널드 노먼Donald Norman과 제프 래스킨Jef Raskin의 논쟁에서 확인된다.

사용자 중심 디자인은 최근 UX 디자인 분야에서 주로 사용되는 개념인 반면, 인간 중심 디자인은 서비스디자인의 필수적 요소로 간주되어 적용 범위와 맥락에서 차이를 보인다. 그럼에도 실무 및 담론에서는 두 용어가 거의 동일한 의미로 사용되고 있다.

이에 대해 도널드 노먼은 최근에 출간한 『디자인과 인간 심리Design and Human Psychology』2016 개정증보판에서 "인간의 필요, 능력,

사용자 중심 디자인 User-Centered System Design	인간 중심 디자인 Human-Centered Design
도널드 노먼	제프 래스킨
소프트웨어를 사용하게 될 사용자 집단의 특성이나 요구를 파악 → 다양한 사용자 조사 방법들, 사용성 테스트에 집중	타깃 사용자 집단에 속한 개별 사용자들의 서로 다른 특성을 파악 (사용자뿐만 아니라 제공자도 포함) → 사용자 맞춤화
제품의 최종 사용자에 집중. 요구사항과 디자인, 프로토타입을 사용자와 함께 검증, 전반적인 사용자 경험을 고려	사용자에게 공감과 이해 집중 지속 가능성 추구
모든 인간의 보편적인 신체적·인지적 공통점 이해, 인간공학·인지공학·인지심리학 등	

행동을 먼저 참작한 후 이를 수용하는 방향으로 디자인하는 태도가 곧 인간 중심 디자인"이라고 정의하며 두 개념이 공통적으로 인간의 보편적 특성에 기반하고 있음을 분명히 했다.

이 철학에 따라 미국의 혁신 컨설팅 기업인 아이디오IDEO는 인간 중심 디자인을 체계적으로 모델화하였다. 아이디오가 제안한 모델에 따르면, 아이디어를 성공적으로 창출하고 실행하기 위해서는 적합성, 실현 가능성, 지속 가능성의 세 가지 필수 요건을 동시에 충족해야 한다.

첫째, 적합성Desirability은 사람들이 진정으로 필요로 하고 원하는 것이 무엇인지를 규명하는 일이다. 적합성이란 그저 의견을 듣는 것에 그치지 않고, 사용자의 환경과 맥락을 파악해 사용자 니즈를 재정의하는 접근을 가리킨다. 그 과정에서 제안된 아이디어가 실질적 가치를 제공하고 욕구 충족으로 이어질 수 있다는 점을 검증 가능한 근거로 뒷받침해야 한다.

둘째, 실현 가능성Feasibility은 해당 아이디어가 기술적, 조직적,

기능적 조건 하에서 실제로 구현 가능한지를 평가하는 기준이다. 현실적인 자원과 제약 조건, 실행 환경을 충분히 검토하지 않으면 아무리 적합한 아이디어라도 실행으로 이어지기 어렵다.

셋째, 지속 가능성Viability은 특히 불확실성이 큰 오늘날의 환경에서 더욱 중요하게 다루어져야 한다. 사람, 조직, 재무, 환경 등 다양한 요소를 통합적으로 고려해 단기적 해결책이 아닌 장기적으로 유지 가능한 솔루션을 설계해야 한다.

이 세 기준은 모두 상호보완적이며 필수적이다. 이 중 하나라도 간과될 경우 인간 중심 디자인은 본래의 목적을 달성하기 어렵다. 인간 중심 디자인은 인간의 인지적·신체적 특성이나 감성에 대한 이해를 토대로 현실 속에서 실현 가능하고 지속 가능한 방식으로 사람들의 실제 요구를 충족시키는 것이라야 비로소 완성된다.

무엇보다 중요한 태도이자 전제는 '관점의 전환'이다. 우리는 흔히 자기중심적 인식 틀로 세상을 바라보고 해석하기 쉽다. 디자인은 사용자의 시선에서 세계를 다시 바라보는 훈련에서 출발해야 한다.

예를 들어 디지털 문해력이 낮은 고령층에게 스마트폰 앱은 낯설고 때로는 두려운 세계일 수 있다. 고령층은 앱 설계 과정에서 자주 배제되어 접근성과 사용성 측면에서 불편을 겪는 경우가 많다.

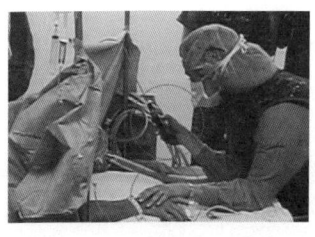 

간호사를 위한 의료기기

사진 출처:
servicedesign.tistory.com /
<디자인은 디테일에 있다>. Paul Bennett. TED 강연 영상 중. 2005.
https://www.ted.com/talks/paul_bennett_finds_design_in_the_details

이때 고령층의 관점으로 시각을 바꾸지 않으면 그들이 경험하는 불편함이나 장벽을 제대로 포착하기 어렵다.

휠체어 사용자를 위한 카페를 디자인할 때도 마찬가지다. 경사로, 출입구의 폭과 구조, 문턱의 높이, 휠체어 가동 범위, 화장실 문턱 등 카페 내 이용 동선과 제약 조건을 기준으로 휠체어 사용자의 관점에서 공간을 구성해야 한다.

이처럼 서로 다른 문화, 환경, 니즈를 지닌 사용자를 포괄하려면, 사용자 관점의 조망이 전제되어야 한다. 일부 전문가들은 관점의 전환 없이는 근본 원인을 파악하기 어려울 뿐만 아니라 창의적이고 혁신적인 해법 도출에도 한계가 불가피하다고 지적한다.

아이디오의 최고경영자 팀 브라운Tim Brown은 "혁신은 문제를 다르게 보기 시작하는 데서 출발한다"며 사용자의 문제를 피상적으로 관찰할 것이 아니라 깊이 있게 이해하려는 노력이 중요하다고 강조한다. 이러한 철학은 아이디오의 실제 프로젝트 사례에서도 잘 드러난다.

아이디오는 한 병원으로부터 수술실 간호사용 데이터 입력용 의료기기 디자인을 의뢰받았다. 프로젝트 팀은 책상 앞에서 설계도를 그리는 대신, 직접 병원 현장으로 달려가 수술실의 간호사들이 어떻게 일하는지를 구체적으로 관찰했다.

그 결과 프로젝트 팀은 간호사들이 수술실에서 유독 분주하게 움직인다는 사실을 발견했다. 수술실은 준비해야 할 의료 도구가 많을 뿐 아니라, 감염 예방 및 수술의 원활한 진행을 위한 사전·사후 처리 업무도 매우 복잡했다. 게다가 간호사는 수술 전 긴장한 환자를 안정시키기 위해 환자의 손을 잡아주는 정서적 돌봄까지 수행해야 했다. 수술이 진행되는 동안에도 간호사는 아이패드 등 디지

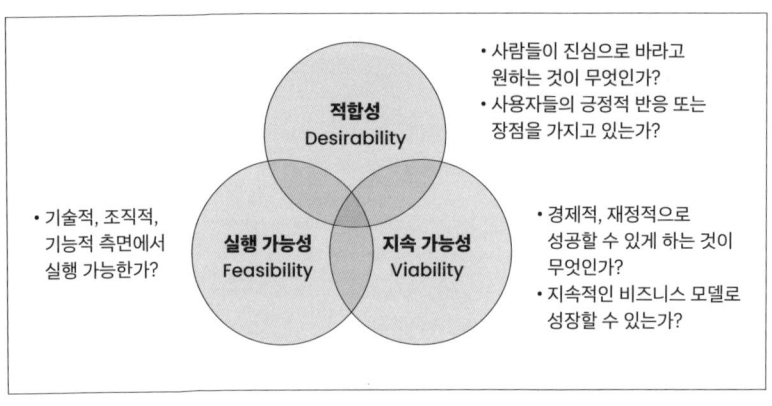

털 기기로 데이터를 수시로 확인하고 입력했으며, 동시에 수술을 집도하는 의사를 보조해야 했기에 일손이 턱없이 부족했다. 물론 인력을 추가 투입하는 방식으로 문제를 해결할 수도 있겠지만, 현실적으로 예산과 시스템 등 제약이 따를 수밖에 없다.

프로젝트 팀은 문제의 핵심을 '간호사의 부담을 덜어주는 도구'로 재정의했다. 이에 따라 현장의 제약조건과 사용자 경험을 반영해 간호사가 한 손으로도 데이터를 입력·조작할 수 있는 의료기기를 개발했다. 디바이스는 스크롤과 터치를 한 손으로도 수행할 수 있도록 설계되었다. 외형은 비록 단순하지만 간호사의 '손 하나를 더해주는' 실용적이고 사용자 맥락 기반의 디자인이라는 점에서 높은 평가를 받았다.

이 사례는 데스크 리서치나 설문조사 같은 전통적인 방식이 아니라 직접 현장을 찾아 관찰과 공감을 통해 사용자 맥락을 이해하고 니즈를 재정의하여 해법을 모색한 것이다. 다시 말해 사용자 관점에서 문제를 재조명함으로써 인간 중심 디자인의 핵심 철학을 구현한 모범적 사례다.

② 공동 창조

서비스디자인의 두 번째 핵심 철학은 공동 창조co-creation다. 공동 창조는 사용자와 다양한 이해관계자가 문제 정의부터 아이디어 도출·구현에 이르기까지 함께 참여하여 해법을 설계하고 구체화하는 과정 자체를 말하며, 서비스디자인에서 중추적 역할을 한다.

공동 창조의 기본 원칙은 제품·서비스와 관련된 잠재 고객은 물론 필요에 따라 경쟁자까지 포괄하는 폭넓은 이해관계자들의 참여다. 이들은 단순한 의견 제공자가 아니라, 해법을 함께 만들어가는 '공동 창조자co-creator'로서 주체성을 가진다. 각기 다른 배경과 문화, 역량을 지닌 이해관계자들의 관점이 결합될 때 더 입체적인 다각도의 통찰이 나올 수 있기에 공동 창조는 오늘날 혁신의 주요 요건으로 꼽힌다.

예를 들어 '병원의 긴 대기시간 문제'를 살펴보자. 환자에게는 지루하고 짜증 나는 상황이겠지만, 간호사 입장에서는 인력 부족으로 환자에게 일일이 설명할 여유가 없을 것이고, 병원의 경영지원팀 입장에서는 예약 시스템의 구조적 결함으로 인한 해결하기 어려운 문제로 인식될 수 있다.

대기시간 문제는 이처럼 환자, 의료진, 행정 담당자 등 다양한 이해관계자의 입장이 복잡하게 얽혀 있다. 이들의 관점과 요구가 동시에 수렴되고 조율될 때 현실적이고 지속 가능한 인간 중심 디자인이 구현될 수 있다.

2000년 프라할라드C. K. Prahalad와 벤카트 라마스와미Venkat Ramaswamy는 《하버드 비즈니스 리뷰》에 「고객 역량의 공동 활용Co-opting Customer Competence」을 발표했다. 이 논문은 기업과 소비자가 사고하는 '가치'는 본질적으로 차이가 있다고 지적하며 고객을 수동

기업과 고객이 생각하는 방식의 차이[19]

기업 관점	소비자 관점
CRM, 콜센터, 기업자원관리(ERP), 기업네트워크, 제품 다양성, 공장, 가격, 물류, 제품 제조, 엔지니어링, 기술, 과학, 연구개발(R&D) 등 플랫폼의 체계와 관리 중심.	희망, 꿈, 열망, 포부, 마음의 평화, 가족, 라이프스타일 등의 경험과 삶 중심. 업무 스타일, 타협, 니즈, 대화, 활동, 커뮤니티, 입소문, 기대, 삶의 무대, 소비자 리포트 등 개인의 맥락과 감정 중심.

적 소비자가 아닌 가치 창출의 동반자로 참여시키는 통합적 공동 창조 개념을 제시했다.

저자들에 따르면 기업은 주로 조직 역량, 운영 시스템, 기능적 효율성에 초점을 맞추는 반면, 사용자는 경험, 감정, 그리고 일상에서의 의미와 가치를 중심으로 사고한다. 이 차이로 인해 기업은 내부 운영과 관리에만 치우쳐 사용자가 추구하는 가치를 놓치기 쉽다. 이러한 인식의 격차를 해소하기 위한 방안으로 사용자가 능동적으로 참여하는 공동 창조가 밑받침되어야 한다고 강조한다.

공급자와 사용자는 서로 다른 상황과 맥락에 놓여 있기 때문에 문제를 인식하는 방식도 근본적으로 다르다. 사용자는 자신의 불편과 요구는 알지만 시스템 구조나 제약 조건을 이해하지 못할 수 있다. 반면에 공급자는 기존 시스템의 한계나 규범에 익숙해진 나머지 사용자 경험에 충분히 공감하지 못하는 경향이 있다. 이러한 인식의 간극을 좁히지 못하면 문제의 본질을 꿰뚫을 수 없으며 근본적 해결책을 도출하기 어렵다. 바로 이 지점에서 공동 창조는 중요한 역할을 한다.

공동 창조는 다양한 배경과 전문성을 지닌 이해관계자가 참여해 서로 다른 관점과 지식을 연결·통합함으로써 기존의 한계를 뛰어넘는 창의적 해법을 이끌어낸다. 이는 형식적 협업 수준을 탈피해 이질적 요소들의 창의적 결합과 융복합을 통해 새로운 가치와 의미를 창출하는 동력으로 작용한다.

③ 시각화 언어

1940년대 미국은 중산층이 빠르게 증가하면서 자동차 문화가 발달하기 시작했다. 주말이면 많은 사람들이 자동차를 타고 해변 도로를 달리며 여가를 즐겼고, 이로 인해 도로는 곧 차량으로 붐볐다.

이 변화를 주목한 맥도널드 형제는 사람들이 밀리는 차 안에서 간편하게 먹을 수 있는 음식이 필요하다고 판단하고, 햄버거가 가장 적합한 메뉴라는 결론에 도달했다.

형제는 기존의 25가지 메뉴를 과감히 정리하고 패스트푸드의 장점을 극대화하기 위해 햄버거를 규격화했다. 또한 햄버거를 자동차까지 배달해주는 방식 대신, 손님들이 직접 매장에 와서 음식을 픽업해 가는 구조로 서비스를 재설계했다.

아울러 몰려드는 주문을 보다 빠르고 효율적으로 처리할 수 있는 내부 시스템을 고안하기 위해, 형제는 매장 옆 테니스장에 감자튀김 기계와 쉐이크 기계, 그릴 등의 위치를 모두 그려 넣고 직원들의 업무 동선을 시뮬레이션하는 실험을 여러 차례 반복했다. 직원들은 테니스장 바닥에 그려진 배치를 따라 걸으며 최적의 효율적인 동선을 찾기 위해 배치도를 반복 수정했다.

마침내 맥도널드는 '스피디 서비스 시스템Speedee Service System'이라 불리는 혁신적 업무 운영 모델을 완성했고, 이를 통해 표준화된 서비스 운영 체계와 매뉴얼이 확립·확산되는 데 기여했다.

맥도널드 형제가 테니스 코트 위에 조리 기기 위치와 동선을 시각적으로 재현하고 반복 실험으로 최적의 흐름을 도출했던 과정은 시각화의 효과성을 단적으로 보여준다.

시각화는 보이지 않는 문제 구조를 구체적이고 이해 가능한 형태로 가시화하여 복잡한 서비스 구조와 사용자 경험을 명확하고 직관적으로 파악하게 한다. 이러한 기능적 중요성으로 인해 '시각화Visualization'는 서비스디자인의 세 번째 핵심 원칙으로 정립된다.

댄 로암Dan Roam은 저서 『생각을 쇼SHOW하라』21세기북스, 2009에서 '시각적 사고Visual Thinking'는 문제를 신속하게 파악하고 직관적으로 이해하며 사람들에게 효과적으로 전달하는 방법이라고 소개한다. 특히 인식하기 어렵고 해결책이 잘 보이지 않는 문제일수록 시각적 사고의 역할이 더욱 중요해진다. 그는 적절한 도구와 규칙을 적용하면 어떤 문제든 시각화를 통해 명확히 할 수 있다고 강조한다.

서비스디자인에서 시각화는 다양한 도구로 구체화된다. 대표적으로 서비스 청사진Service Blueprint과 고객여정지도Customer Journey Map, 페르소나Persona, 이해관계자 지도Stakeholders Map 등이 있으며 사용자 중심 설계를 위한 실용적 도구로 널리 활용된다.

최근에 이러한 시각화 기법들이 현장에서 활발히 활용되고 있지만 시각화를 한다고 해서 곧바로 해답이 나오는 것은 아니다. 그

출처: 영화 <파운더>(2016)의 한 장면

럼에도 불구하고 시각화는 모든 이해관계자의 공감과 이해를 높이고 문제에 대한 논의를 촉진하는 혁신의 촉매제로 작용해 디자인 방향 설정에도 영향을 미친다. 이는 시각화가 사용자의 관점에서 문제를 조망하는 데 있어 가장 효과적인 방법 중 하나이기 때문이다.[20]

제임스 캘박James Kalbach은 저서 『제품과 서비스를 넘어, 경험을 매핑하라』프리렉, 2016에서 고객 여정을 매핑하고 이를 시각화하는 것은 기능적으로 표현하는 기법 차원이 아니라 가치 창출을 이끄는 전략적 도구라고 강조한다.

요컨대 시각화는 복잡하고 추상적인 개념을 명확하고 직관적인 형태로 표현함으로써, 효과적인 소통과 창의적 협업을 가능하게 한다. 이 합의된 바탕 위에서 공동 창조가 작동하며 이는 다양한 이해관계자의 관점을 연결하고 집단 지성을 통해 해결책을 함께 모색하도록 한다.

시각화는 이 과정 전반—공감대 형성, 아이디어 도출, 프로토타입 테스트—에서 공통 언어이자 도약대 역할을 하며, 디자인의 방향성과 혁신 가능성에 공헌한다.

서비스디자인은 인간의 삶을 깊이 이해하고 공감하며 표면 아래 숨겨진 진짜 니즈를 발견하는 인간 중심적 문제 해결 방식이다. 인간 중심, 공동 창조, 시각화라는 세 가지 핵심 원칙에 기반한 서비스디자인은 복잡한 문제를 구조화하고, 다양한 이해관계자들의 공감과 참여를 유도하는 전략적 문제 해결 방식으로서의 위상을 확고히 하고 있다.

복잡성과 불확실성이 높아지고 혁신의 필요성이 커진 오늘날, 산업과 사회 전반에서 서비스디자인은 적용 영역을 넓혀가며 지속 가능한 가치 창출과 실질적 변화를 뒷받침하고 있다.

사회혁신 서비스디자인 프로세스

사회혁신 분야에서 전 세계적으로 널리 알려져 있는 서비스디자인 프로세스로는 영국 디자인 카운슬Design Council의 '4D 모델', 미국 스탠퍼드 디스쿨Stanford d.school의 '5단계 모델', 독일 하소 플래트너 연구소Hasso-Plattner-Institute: HPI의 프로세스, 그리고 글로벌 컨설팅 그룹 아이디오IDEO의 '3I 모델' 등이 있다.

이 가운데 한국에서 가장 널리 활용되는 것은 영국 디자인 카운슬의 4D 모델인 '더블 다이아몬드Double Diamond 프로세스'다. 이 프로세스'는 총 네 단계로 구성되어 있다.

첫 번째 '발견Discover' 단계는 관찰, 인터뷰, 데이터 수집 등을 통해 사용자와 관련된 다양한 니즈와 문제 상황을 탐색하는 과정이다. 두 번째 '정의Define' 단계에서는 앞 단계에서 도출된 통찰을 토대로 해결해야 할 본질적인 문제를 명확히 규정한다.

그리고 세 번째 '개발Develop' 단계에서는 다양한 아이디어를 발산하고 이를 통합해 구체적인 솔루션 콘셉트를 마련하고 그 실현 가능성을 검토한다. 마지막 '전달Deliver' 단계에서는 솔루션을 프로토타입 형태로 제작해 테스트하고 피드백을 반영해 실제 실행 단계로 이어간다.

이 프로세스의 가장 큰 특징은 문제 정의와 해결책 개발 과정에서 발산Divergence과 수렴Convergence이 반복된다는 데 있다. 이를 통해 복잡한 문제를 다각도로 탐색하면서도, 점진적으로 초점을 좁혀

가며 명확하고 실행 가능한 해결책을 도출할 수 있다.

현재 이 모델은 공공 및 사회혁신 분야에서 표준적인 실천 프레임워크로 정착되어 실무 현장과 정책 설계 전반에서 광범위하게 채택·적용되고 있다.

스탠퍼드 대학교 디스쿨이 제안한 디자인 사고Design Thinking 모델은 총 5단계로 구성되어 있다. 첫 번째 '공감하기Empathize' 단계에서는 사용자에 대한 이해와 공감을 위해 리서치, 관찰조사, 인터뷰 등을 실시한다. 두 번째 '정의하기Define' 단계에서는 앞 단계에서 수집된 정보를 바탕으로 사용자 페르소나를 설정하고 핵심 문제를 규정한다. 세 번째 '아이디어 창출하기Ideate' 단계에서는 다양한 아이디어를 발산한 뒤 그중 실행 가능성이 높은 대안을 선별한다. 네 번째 '시제품 제작하기Prototype' 단계에서는 선택된 아이디어를 최소한의 시각적·물리적 형태로 구체화하여 솔루션의 초기 모델을 제작한다. 마지막 '테스트하기Test' 단계에서는 이를 사용자에게 실험적으로 적용해 피드백을 받고 개선점을 수집한다.

이 다섯 단계는 기본적으로 순차적이면서도 선형적으로 진행되지만 필요에 따라 반복 순환할 수 있도록 설계되어 있다. 이로써 사용자 중심의 사고와 실험은 물론, 새로운 아이디어를 창출하는 창의성과 변화에 맞게 대응하는 적응성을 발휘하여 점진적으로 더 나은 해법을 탐색할 수 있다.

하소 플래트너Hasso Plattner는 독일 포츠담의 하소 플래트너 연구소를 설립하고 스탠퍼드 대학교 디스쿨과 긴밀히 협력해 디자인씽킹 이론과 실천을 발전시킨 인물이다. 그는 기존의 문제 해결 방식이 기술 중심이나 공급자 중심에 치우쳐 있다는 점을 비판하면서, 사용자 중심의 탐색과 아이디어의 반복적 실험 및 개선을 강조하는

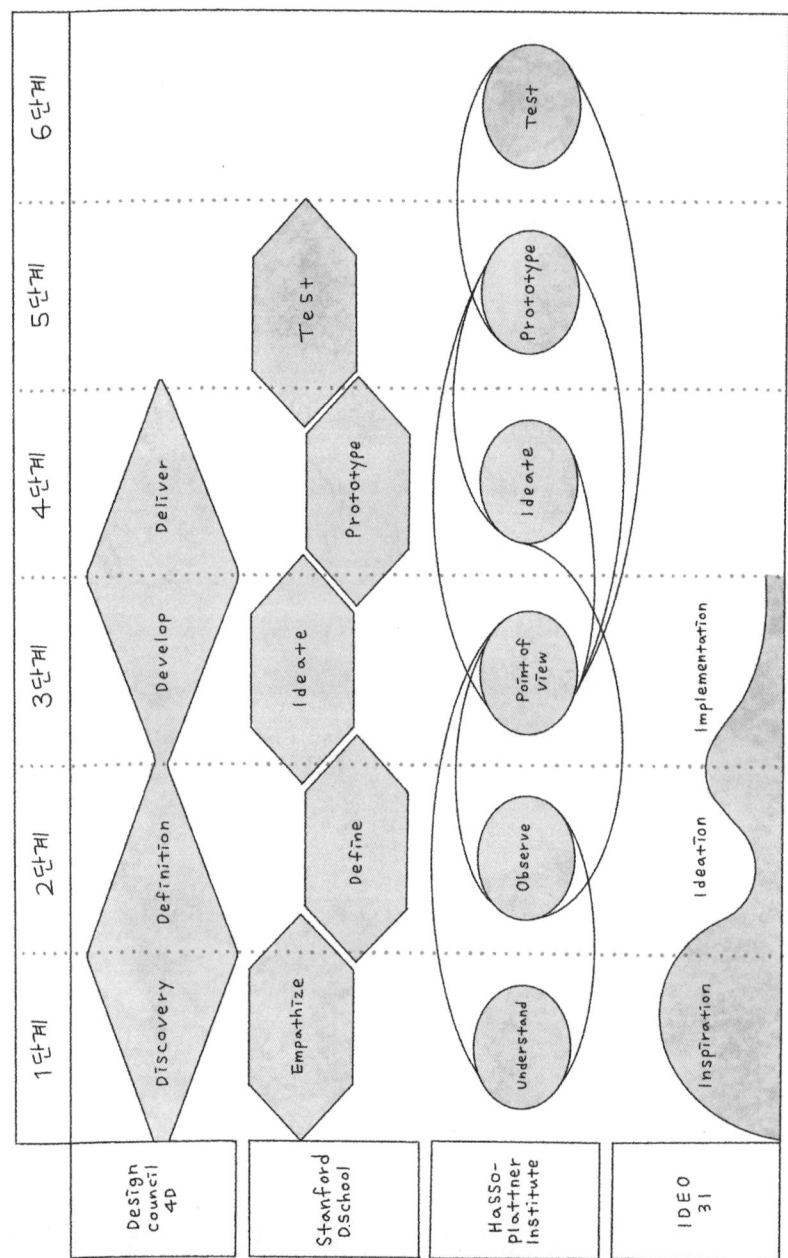

디자인 사고 접근법을 제안하였다.

그가 소개한 모델은 공감Empathize, 문제 정의Define, 아이디어 창출Ideate, 시제품 제작Prototype, 테스트Test, 그리고 구현Implement의 여섯 단계로 이루어져 있다. 이 프로세스는 선형적 구조를 따르지만 상황에 따라 유연하게 반복되거나 순환될 수 있도록 설계되어 있다. 이러한 구조 덕분에 문제 상황 분석을 출발점으로 하여 실험과 개선을 거듭하며 점진적으로 완성도 높은 해결책을 마련할 수 있다. 특히 실용성과 반복 가능성을 중시하는 이 모델은 복잡하고 불확실성 높은 문제를 해결 가능한 형태로 재구성하는 데 효과적이라는 평가를 받고 있다.

아이디오의 '3I 모델'은 비교적 간결한 구조를 지녀 신속한 적용이 가능하다는 점에서 실용성이 높은 서비스디자인 프레임워크로 알려져 있다.

첫 번째 '영감Inspiration' 단계에서는 사용자의 니즈와 행동을 탐색하고 문제에 대한 깊은 통찰을 얻는다. 두 번째 '아이디어 창출Ideation' 단계에서는 발견된 통찰을 바탕으로 다양한 해결 방안을 발산하고 그중 실행 가능성이 높은 아이디어를 발전시킨다. 마지막 '구현Implementation' 단계에서는 도출된 아이디어를 실현 가능한 형태로 구체화하고, 프로토타입 제작과 테스트, 개선 과정을 거쳐 최종 솔루션으로 완성한다. 이 모델은 단순하면서도 반복 적용이 용이하다는 특징 때문에, 특히 스타트업 프로젝트나 신제품·서비스 개발 초기 단계에서 빠른 실행과 검증을 요구하는 상황에 적합한 방법론으로 자주 활용된다.

이처럼 다양한 서비스디자인 모델은 구성 방식과 강조점에서는 차이가 있지만, 모두 사용자 중심의 문제 해결이라는 동일한 철학을 바탕에 두고 있다. 용어나 단계 배열은 달라도 핵심은 관찰과 공감을 통해 사용자를 깊이 이해하고 문제를 명확히 정의한 뒤, 아이디어를 발산하고 구체화하여 실현 가능한 솔루션으로 발전시키는 일련의 과정으로 요약된다. 이러한 절차는 프로토타입 제작과 반복적 테스트를 거치며 정교화되고 궁극적으로 실행 가능한 혁신으로 이어진다.

다음 장에서는 서비스디자인이 실제 사회 문제 해결에 어떻게 활용될 수 있는지를 다양한 사례 중심으로 살펴보고, 복잡한 문제를 구조화하여 해결로 이끄는 구체적이고 실천적인 방법들을 소개하고자 한다.

고객은 항상 불만족 상태에 있다.
그들은 더 나은 것을 원하고,
그것은 우리를 계속 진화하게 만든다.
우리는 고객을 만족시키는 것에 그치지 않고,
고객이 아직 표현하지 못한 니즈까지
예측해서 대응해야 한다.

제프 베이조스(아마존 창립자)

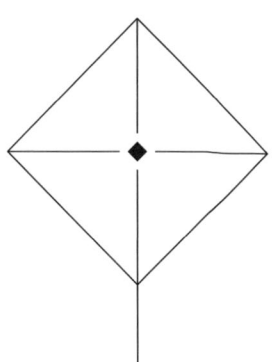

3장
사회적 요구 탐색
Exploring Social Needs

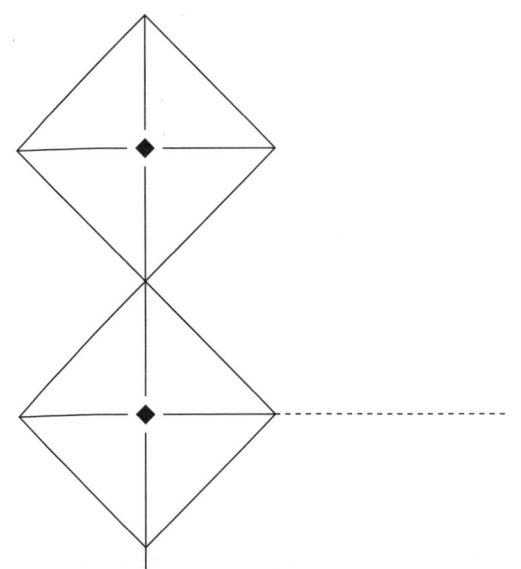

1. 사용자 경험 시대

노르웨이의 고객 관계 관리Customer Relationship Management: CRM 솔루션 기업 슈퍼오피스Super Office, 1989년 설립, B2B는 2025년 고객 경험의 중요성을 담은 의미 있는 보고서를 발표했다.

유럽 내 비즈니스 전문가 1,920명을 대상으로 미래 비즈니스 전략에 대해 조사한 결과, 향후 5년간 비즈니스에서 가장 중요한 요소로 45.9%가 '고객 경험Customer Experience: CX'을 꼽았으며 기업들이 고객 경험을 경쟁의 주요 차별화 요소로 인식하고 있다는 점을 강조했다. 이는 기업의 경쟁 우위가 제품 생산에서 고객 경험 중심으로 전환되고 있음을 보여준다. 이러한 흐름을 반영하듯, 실제 고객의 86%는 우수한 고객 경험을 위해 더 많은 비용을 지불할 의향이 있다고 응답했다.

이러한 결과는 세계적인 ERPEnterprise Resource Planning, 기업 회계 등 기업 경영 관리 시스템 및 기업 경영 관리 소프트웨어 기업 SAP의 고객 전략

수석인 에스테반 콜스키Esteban Kolsky가 자주 인용하는 고객 데이터에서도 확인할 수 있다. 그는 "72%의 고객은 긍정적인 경험을 했을 때 6명 이상의 사람들과 이를 공유한다. 그러나 만족하지 못했거나 부정적인 경험을 한 고객의 13%는 15명 이상의 사람들과 그 경험을 전한다"고 밝혔다. 더 중요한 사실은 불만족 고객의 대부분이 자신이 불편을 느껴도 말하지 않는다는 점이다. 콜스키에 따르면 "불만을 겪은 고객 26명 중 단 1명만이 이를 솔직하게 이야기할 뿐, 나머지 고객들은 아무런 말도 하지 않고 뒤돌아보지 않은 채 바로 브랜드를 떠나버린다"[21]고 한다.

이를 뒷받침하듯, 불만을 공식적으로 제기하는 고객은 단 4%에 불과하며, 나머지 96%는 침묵하고 그중 91%는 재방문·재구매를 중단한다는 통계가 여러 CX 전문 매체와 연구 보고서에서 반복 인용되어 왔다.

이러한 분석은 고객 경험 관리에서 '불만'보다 더 무서운 것은 '침묵'이라는 점을 일깨워준다. 많은 고객이 불편을 겪더라도 이를 표현하지 않은 채 조용히 이탈한다는 사실은, 기업이 고객의 목소리를 사전에 감지하고 선제적으로 대응할 수 있는 체계적인 경험 관리의 중요성을 입증한다. 이 때문에 고객 경험은 개별 접점의 순간만이 아니라 고객과의 관계 전반을 지속적으로 관찰하고 개선하는 필수적 활동으로 인식해야 한다.

경험 중심으로의 전환

한국의 삼정KPMG 역시 2021년 각종 보고서와 콘텐츠를 통해 지속 가능경영의 주요 과제로 고객 경험 창출이 새롭게 부상하고 있음을 강조했다.

보고서에 따르면 전 세계 1,400개 기업 중 고객 경험 측면에서 우수한 평가를 받은 상위 50개 기업은 하위 50개 기업보다 매출이 약 54% 높은 것으로 나타났다. 이러한 결과는 고객 경험이 기업 브랜드 이미지와 서비스 선호도에 영향을 미치며, 나아가 브랜드 충성도로 연결된다는 점을 시사한다.

보고서는 이어, 고객 경험이 기업 생존의 필수 과제로 부상함에 따라 이를 강화하기 위해서는 고객의 의결정을 간편하고 수월하게 돕고, 전 채널에서 일관된 경험을 제공하며, 초개인화 서비스를 구현하고, 고객 케어에 집중해야 한다고 제안했다.[22]

이 가운데, '초개인화된 서비스'는 단기적인 마케팅 수단 이상의 의미를 지니며 고객 경험의 중요한 요소로 떠오르고 있다. 2021년 글로벌 컨설팅 그룹 맥킨지McKinsey는 전 세계 소비자들을 대상으로 개인화Personalization가 구매 행동에 미치는 영향을 조사했다. 조사에서 응답자의 78%는 개인화된 상품 추천이 구매 결정에 영향을 미쳤으며, 76%는 개인화된 경험이 구매를 촉진시켰다고 밝혔다. 또한 78%는 개인화된 고객 응대가 재구매에도 긍정적으로 작용했다고 응답했다.

이 외에도 71%의 고객은 기업으로부터 개인화된 서비스를 기대하고 있으며, 76%는 원하는 개인화 경험을 제공받지 못할 경우 좌절감을 느낀다는 사실도 확인되었다. 이처럼 고객 경험과 개인화는 긴밀히 연결되어 있으며 고객 만족도는 물론, 구매 결정과 재구매율, 그리고 장기적인 고객 충성도에까지 영향을 미치는 중요한 요소이다.

IT 및 비즈니스 리서치·컨설팅 전문 기업인 가트너Gartner, 1979년 설립에 따르면, 전 세계 기업의 약 3분의 2가 이미 고객 경험을 주요 경쟁 전략으로 삼고 있다. 또한 IBM 공식 웹사이트ibm.com에서는 이와 관련해 가격을 낮추거나 제품 성능을 높이는 방식 대신, 초개인화되고 친밀감을 높인 고객 경험이 기업 매출을 5~15% 증가시킬 수 있다고 분석하고 있다. 아울러 고객 데이터 활용도를 극대화할수록 수익성이 향상될 수 있다는 점도 언급하고 있다.

이처럼 고객 경험이 기업 성과를 좌우하는 중심 과제로 부상하는 가운데, 이를 경영 활동의 중심축으로 삼아 온 인물이 바로 아마존Amazon의 창립자 제프 베이조스Jeff Bezos이다.

베이조스는 "우리를 특별하게 만드는 것이 무엇인지 궁금한가요? 바로 우리야말로 진정 고객 중심적이라는 사실입니다. 대부분의 기업들은 경쟁자에 집중하지만 우리는 고객에 집착합니다. 이것이 우리가 남다른 이유입니다."라고 말하며, 아마존의 철학이 고객 중심을 넘어 '고객 집착Customer Obsession'에 있음을 강조했다. 이와 같은 경영 철학은 업계에서 '제피즘Jeffism'으로 불리며 회자되기도 했다.

아마존은 고객 중심에서 한 발 더 나아간 '고객 강박증' 수준의 집요한 전략적 사고를 지향하고 있다. 고객의 관점에서 모든 의사결정을 내리는 철저한 고객 중심 경영 방식으로 아마존의 기업 문화와 의사결정 시스템 전반에 깊숙이 뿌리내리고 있다. 이를 상징적으로 보여주는 사례가 바로 제프 베이조스가 직접 도입한 '빈 의자Empty Chair' 회의 문화이다.

아마존의 회의실에는 고객을 상징하는 빈 의자가 하나 놓여 있다. 베이조스는 회의를 시작하기 전, "고객은 항상 우리 회의의 일원

입니다. 비록 지금 이 자리에 앉아 있지는 않지만, 그는 이 회의에서 가장 중요한 사람입니다."라고 말하며 빈 의자를 가리킨 뒤 비로소 회의를 시작한다고 전해진다.

이처럼 고객을 최우선으로 생각하는 집요한 고객 중심 사고는 무료 이틀 배송Amazon Prime, 원클릭 주문 시스템1-Click Ordering, 간편한 환불·반품 정책 등 수많은 혁신적인 서비스를 탄생시켰다. 이처럼 고객 친화적 정책을 지속적으로 펼친 결과, 아마존은 글로벌 유통 생태계를 주도하는 기업으로 도약했다.

또한 아마존은 고객 피드백을 상시적으로 수집·분석해 제품 상세페이지, 추천 알고리즘, 물류 프로세스를 개선했다. 무엇보다 '고객의 시간을 절약하는 것'을 최우선 가치로 삼아 모든 여정에서 불필요한 마찰을 제거하여 재방문과 충성도를 높였다.

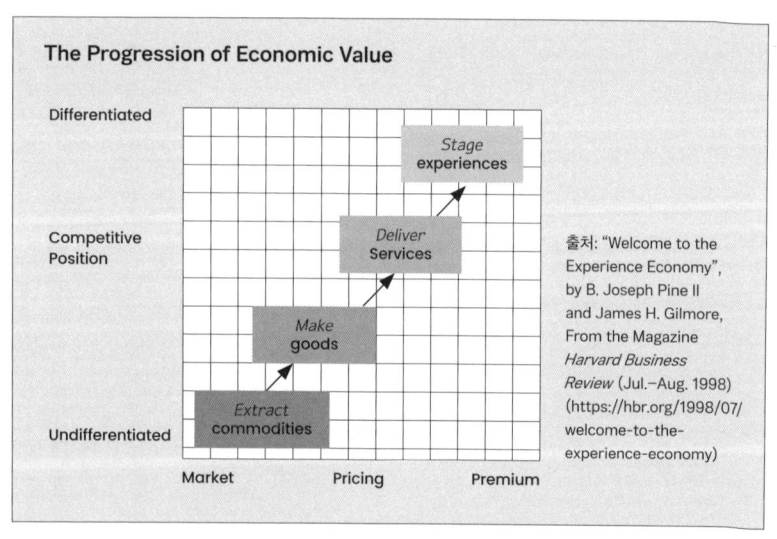

제프 베이조스의 혁신 철학은 회의실에 놓인 '고객의 자리'라는 빈 의자로 잘 드러난다. 이는 회의에 직접 참석하지 않은 고객의 입장과 목소리를 항상 고려해야 한다는 원칙을 상징하며, 그는 다음과 같이 설명했다.
"회의 테이블에 자리를 하나 비워 두세요.
그 자리는 고객을 위한 것입니다. – 그 방에서 가장 중요한 사람이죠."
(Leave one seat open at the conference table. It's for the customer – the most important person in the room.)

사용자 가치의 변화

'경험 경제Experience Economy'라는 개념은 1999년 조 파인과 짐 길모어Joe Pine & Jim Gilmore가 함께 쓴 『경험 경제: 일은 극장, 모든 사업은 무대The Experience Economy: Work Is Theater & Every Business a Stage』에서 체계적으로 소개되었다.

이들은 이 책에서 기업이 고객에게 제공하는 가치가 '원자재goods → 제품products → 서비스services → 경험experiences'으로 점차 진화한다고 설명하며, '경험Experience'은 마케팅 수단 이상의 독립된 경제적 가치를 지닌다고 주장했다. 즉, 고객 경험은 선택 사항이 아닌, 기업이 실현해야 할 경제 가치이며 서비스 경제 이후의 다음 단계로 정립되었다는 관점이다. 이러한 시각은 이후 다양한 산업과 경영 실무에 영향을 미치며 널리 확산되었다.

조 파인과 짐 길모어는 경제적 가치의 변화를 '생일 케이크'에 비유한 것으로 잘 알려져 있다. 이들은 시대별 경제 패러다임이 어떻게 변화해 왔는지, 생일을 준비하는 일상적 방식의 변화에 빗대어 설명했다.

농업 경제 시대의 어머니들은 자녀의 생일을 맞아 밀가루, 설탕, 버터, 달걀 등 자연에서 채취한 농산물을 활용해 직접 케이크를 만들었다. 그 후 재화 기반의 산업 경제가 발전하면서 미리 혼합·가공된 케이크 믹스와 같은 패키지 상품을 구입했다. 서비스 경제가 자리잡은 시대에는 바쁜 부모들이 제과점이나 식료품점에서 완제품 케이크를 주문하거나 레스토랑에서 생일 축하 서비스를 이용하기도 했다.

그리고 1990년대에 들어 시간이 더욱 부족해진 부모들은 더 이조 파인과 짐 길모어가 제시한 경험 경제 이론은, 경제 가치가 원재료 → 상품 → 서비스 → 경험으로 진화한다고 본다. 이 관점에서 고객은 제품 그 자체보다 '의미 있는 경험'에 더 큰 가치를 부여하며, 이는 오늘날 새로운 제품·서비스 개발에서 '경험 설계'가 핵심 전략임을 시사한다.

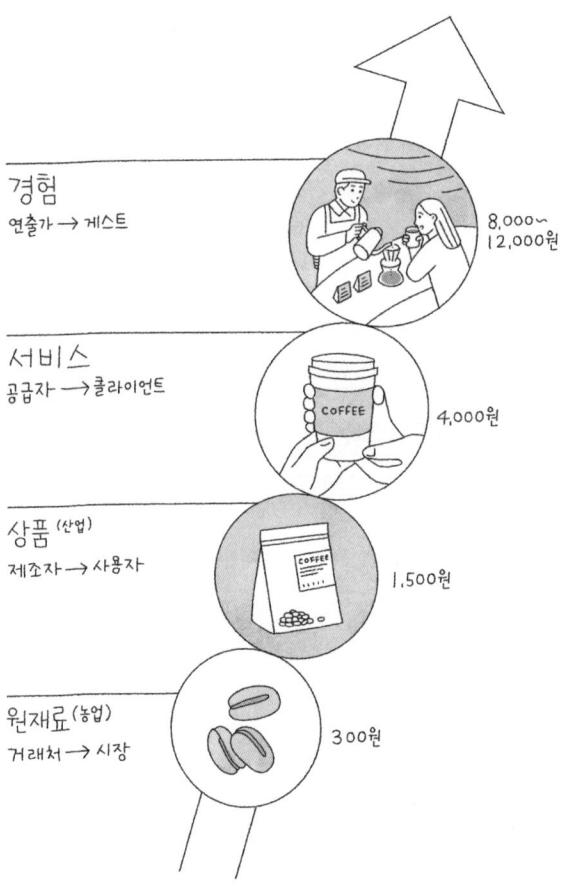

* 위 그림에 제시된 금액은 이해를 돕기 위해 필자가 임의로 설정한 값이며 실제 가격과는 다를 수 있다.

상 케이크를 직접 만들거나 생일 파티를 준비하지 않았다. 대신 아이에게 특별한 추억을 선물하기 위해 생일 이벤트 전문 업체에 모든 것을 아웃소싱한다. 이때 케이크는 전체 패키지에 포함된 무료 서비스로 제공되며 부모는 유형의 상품이 아닌 '행복한 생일의 기억'이라는 하나의 경험을 구매하게 된다.

고객들의 소비가 상품 구매에서 경험 중심으로 대체되자, 다양한 산업 분야는 고객 경험을 필수적인 경쟁 요소로 인식하고 이를 전략적으로 도입하기 시작했다. 그중 대표적인 사례가 '스타벅스 Starbucks'이다.

커피 산업은 초기에는 생두를 유통하는 원재료 중심의 산업이었다. 이후 로스팅된 원두나 인스턴트 커피 제품을 제조·판매하는 상품 기반의 산업으로 발전했다. 그러나 경험 경제가 부상하면서 커피는 음료 이상의 의미를 지니며, 소비자가 머무르고 일하며 교류할 수 있는 감성적이고 경험 중심적인 공간으로 진화했다.

스타벅스는 이러한 변화에 발맞추어 고객의 취향과 니즈에 최적화된 프리미엄 경험을 제공하는 '스타벅스 리저브 Starbucks Reserve'를 운영하고 있다. 이를 통해 스타벅스는 커피라는 제품을 매개로 고객에게 감성적 만족과 차별화된 가치를 제공하는 경험 중심 브랜드로 성장했으며, 경험 경제 시대를 대표하는 글로벌 성공 사례로 널리 알려져 있다.

커피 산업뿐 아니라 전통적으로 제품 중심이었던 자동차 산업조차도 최근에는 사용자 경험을 강화하기 위한 개편을 추진하고 있다. 테슬라 Tesla의 최고경영자 일론 머스크 Elon Musk는 "우리는 모델 S를 바퀴 달린 매우 정교한 컴퓨터로 설계했다 We really designed the Model S to be a very sophisticated computer on wheels."라고 말하며, 자동차를 이동 수단에서 소프트웨어 중심의 경험 플랫폼으로 재정의하고 있다. 이로써 고객에게 새로운 모빌리티 경험의 가치를 제공하고 이동 방식을 혁신하겠다는 비전을 분명히 했다.

이와 같은 경험 중심 전략은 의료 산업에서도 활발히 전개되고 있다. 2008년, 세계적인 의료기관인 미국의 클리블랜드 클리닉 Cleveland Clinic은 환자 만족도가 목표 수준에 미치지 못하는 문제를 겪고 있었다. 의료진의 전문성과 병원의 시설은 최고 수준이었지만 환자들은 "진료는 훌륭하지만 존중받는 느낌이 들지 않는다"고 평가했다. 병원 측은 환자의 임상적 치료 결과 외에도 병원에서 환자가 '어떻게 느끼는가'를 의료의 중요한 요소로 인식하고 전사적 차원의 환자 경험 개선 프로그램Patient Experience: PEX을 시행했다.

클리블랜드 클리닉은 모든 의료진과 직원에게 "모든 사람이 케어를 제공한다Everyone is a caregiver"는 철학을 공유하고, 의사, 간호사뿐 아니라 청소, 보안 인력까지 병원의 모든 구성원이 환자의 감정과 심리를 세심하게 배려하도록 교육을 실시했다. 또한 대기 시간 안내, 눈맞춤, 설명 방식, 응대 태도 등 환자가 병원 내에서 마주치는 모든 순간—접수, 대기, 진료, 퇴원에 이르기까지—을 정교하게 설계해 환자 경험 전반을 긍정적으로 개선해나갔다.

그 결과, 환자 만족도는 크게 향상되었고, 환자들은 병원을 '치료받는 곳'에서 신뢰하고 안심할 수 있는 '치유의 공간'으로 재인식하게 되었다. 클리블랜드 클리닉은 이 과정을 통해 진정한 의미에서의 '환자 중심' 병원을 실현한 것이다.

경험 중심 기조는 호텔, 엔터테인먼트, 헬스케어 등 다양한 산업 분야로 확산되고 있다. 기업들은 기존의 제품 중심에서 벗어나, 고객에게 더 나은 경험과 정서적 만족을 제공하는 방향으로 전략을 수정하고 있다.

산업 전반에 나타나는 이러한 변화는 공공서비스와 사회 시스템에도 파급되고 있다. 행정, 복지, 교육 등 여러 공공서비스 영역에서 더 많은 조직들이 "무엇을 제공할 것인가?"보다 시민과 이용자가 그것을 "어떻게 경험하는가?"에 주목하며 정책과 서비스를 재설계하려는 움직임이 확산되고 있다. 공공 부문 역시 공급자 중심의 효율성 논리에서 사용자의 감정과 체험을 존중하는 방향으로 패러다임을 전환하고 있는 것이다.

이는 곧 혁신의 본질에 대한 관점의 변화로 이어진다. 진정한 혁신은 기능 향상이나 효율 개선에만 있는 것이 아니다. 더 중요한 것은 사용자가 그 과정을 어떻게 느끼고 무엇을 경험하며, 얼마나 존중받았다고 인식하는가이다. 따뜻하고 포용적이며 지속 가능한 사회는 바로 이러한 섬세하고 정성 어린 사용자 경험의 설계에서 출발한다.

AI를 축으로 한 4차 산업혁명이 급속히 전개되는 오늘날, 우리는 기술의 진보 그 자체보다 그것이 인간의 삶에 어떤 경험과 가치를 제공하는지를 깊이 성찰해야 한다. 즉 기술이 우리의 일상과 사회 전반에 어떻게 스며들고, 사람들이 그것을 어떻게 느끼고 이해하며 의미화하는지를 통찰하는 일이 무엇보다 중요하다.

기술의 궁극적인 목적은 인간을 대체하는 것이 아니라, 인간을 더 깊이 이해하고 그 삶을 더 풍요롭게 만드는 데 있다. 그런 차원에서 지금이야말로 기술이 아닌 사람을 중심에 두고, '경험 중심'의 관점으로 사회를 다시 설계해야 한다.

2. 사용자 니즈

현대 경영의 아버지로 불리는 피터 드러커Peter Drucker, 1909~2005는 기업의 본질에 대해 기존의 통념과는 다른 정의를 내렸다. 그는 '기업은 영리를 추구한다'는 전통적인 관점은 더 이상 적절하지 않으며, 기업의 존재 이유는 '고객'에 있고 그 목적은 '고객을 창출하는 것'이라고 보았다.

또한 그는 "마케팅의 목적은 당신이 만든 것을 판매하는 게 아니라 무엇을 만들어야 하는지를 아는 것이다. 다시 말해 고객이 필요로 하는 것을 제공하여 그것이 저절로 팔리도록 하는 것이다"고 강조했다. 드러커는 마케팅을 한낱 제품 판매 기술로 보지 않고, 고객이 원하는 것needs을 이해하고 이를 충족시킴으로써 궁극적으로 고객을 확보하는 활동이어야 한다고 조언했다.

드러커의 관점은 기업 경영의 본질적 질문을 "무엇을 만들까?"에서 "누구를 위해 만들까?"로 바꾸어 놓았으며, 이는 제품 중심 사고에서 고객 중심 사고로의 근본적 변화를 이끈 통찰이었다.

인간 욕구의 다층성

사람은 누구나 더 나은 삶을 추구하는 경향이 있다. 이는 생존을 위한 기초적인 생리적 욕구에서 시작해 편의와 안락을 통한 삶의 질 향상, 나아가 자기 존재를 확장하려는 열망까지를 포함한다.

심리학자 에이브러햄 매슬로Abraham H. Maslo는 인간의 이러한 다층적이고 복합적인 욕구와 갈망을 다섯 단계의 피라미드 구조로 설명했다. 가장 기초가 되는 하위 단계는 의식주와 같은 생존을 위한 생리적 욕구이며, 이 욕구가 어느 정도 충족되면 사람들은 안정, 건강, 물리적 안전과 같은 보호의 욕구를 추구하게 된다.

이 두 단계가 충족된 이후에야 인간은 비로소 정신적·사회적 차원의 욕구로 나아갈 수 있다. 여기에는 문화 활동, 여가, 사회적 유대와 소속감, 자아실현, 사회 참여 등이 포함되며, 사람들은 이를 통해 보다 의미 있고 가치 있는 삶을 추구하게 된다.

매슬로의 이론이 흥미로운 지점은, 인간의 욕구가 무작위로 작동하는 것이 아니라 단계적이고 계층적으로 이루어진다는 데 있다. 다시 말해, 의식주나 안전 같은 하위 욕구가 충족되지 않은 상태에서는 우정, 사랑, 문화, 자아실현 등의 고차원적 욕구를 추구하기 어렵다는 것이다. 즉, 하위 욕구가 일정 수준 이상 충족되어야 상위 단계의 욕구로 이행할 수 있다.

하지만 실제 삶에서 인간의 욕구는 매슬로의 위계처럼 단순하지도, 단계별로 뚜렷하게 나뉘지도 않는다. 여러 욕구가 동시다발적적으로 발현되며, 개인의 삶의 맥락과 상황에 따라 서로 뒤섞여 표현되기도 한다.

예컨대 누군가 "배가 고프다I'm hungry"라고 말할 때 그것은 생리적 허기를 의미할 수도 있지만, 외로움, 정서적 결핍, 관계에 대한 갈망, 혹은 의미 있는 연결에 대한 바람을 은유적으로 표현한 말일 수도 있다. 이는 표면적 욕구 뒤에 더 깊은 내면의 욕구가 중첩되어 있음을 보여준다.

이와 같은 맥락에서, 사용자가 어떤 문제를 겪고 있다고 호소할 때, 그 표면적 진술의 이면에는 전혀 다른 심리적·환경적 욕구가 자리하고 있을 수 있다. 이에 기반해 오늘날 제품·서비스를 설계하거나 문제 해결책을 구상할 때 사용자에게 단편적으로 "무엇이 필요합니까?"라고 묻는 것만으로는 충분하지 않다.

중요한 것은 사용자가 말하지 않거나 표현하지 못한, 때로는 스스로도 자각하지 못한 내면의 '진짜 욕구'를 찾아내는 일이다.

애플의 공동 창립자 스티브 잡스Steve Jobs는 "사람들은 보여주기 전까지는 자신이 무엇을 원하는지 모른다"고 말했다. 즉 혁신의 목적은 겉으로 드러난 요구를 충족시키는 데 있지 않다. 혁신은 사람들의 삶의 맥락과 감정, 동기, 내면의 욕구를 종합적으로 읽어내는 통찰력에서 출발한다.

결국 우리가 다루어야 할 인간의 욕구란 표면적으로 드러난 요청이나 기능적 요구사항에 국한되지 않는다. 오히려 그 말과 행동의 심저에 놓인 삶의 맥락, 정서, 의미, 그리고 생활방식에서 비롯된 보다 깊은 층위의 욕구를 이해하고 설계하는 것이 핵심이다.

즉 "이 사람이 무엇을 요청하고 있는가?"라는 질문보다 "이 사람이 진정으로 원하는 것은 무엇일까?"라는 보다 근본적인 질문을 던져야 한다. 이는 매슬로의 이론이 제시한 위계 구조를 바탕으로 하되, 현대의 복잡한 인간 경험과 맥락을 염두에 두고 넓은 시각에서 이해할 필요가 있음을 보여준다.

암묵적 니즈와 진짜 문제

진 리드카Jeanne Liedtka는 『디자인은 어떻게 사회를 바꾸는가: 모두를 위한 서비스디자인씽킹』에서 서비스디자인씽킹을 통해 고객 경험 여정에서 문제점을 발견하고 해결하는 과정을 보여준다. 그녀는 눈앞에 보이는 문제에 매몰되기보다 사용자의 경험 속에 숨은 근본 문제를 찾아낼 때 진정한 혁신이 가져올 수 있다고 지적한다.

    이와 유사한 관점은 한국디자인진흥원이 2022년에 발간한 『서비스·경험디자인 이론서』에서도 제시된다. 이 이론서는 서비스디자인의 출발점인 '문제 발견Discovery' 단계를 전체 디자인 과정의 성과에 중대한 영향을 미치는 중요한 관문으로 보고, 사용자의 니즈와 불편pain point을 깊이 있게 탐색하는 태도가 중요하다고 강조한다.

    이처럼 서비스디자인이나 디자인씽킹과 같은 혁신 프레임워크에서 중요한 것은, 겉으로 드러난 명시적인 문제에 즉각 반응하기보다 사용자 경험 전반을 세심하게 관찰하고 그 이면의 진짜 문제를 발굴하는 데 있다.

    '진짜 문제'란 사용자가 직면한 수많은 불편 중에서도 가장 본질적이고 근원적인 요소로, 이를 정확히 정의할 수 있을 때 비로소 의미 있고 효과적인 해결책을 도출할 수 있다. 반대로, 핵심이 아닌 주변 문제에 집중하거나 문제 자체를 잘못 정의할 경우, 그로부터 나온 해법 역시 실효성 없는 피상적 성과에 그칠 위험이 있다.

그러므로 진정한 혁신은 '해결'보다 '발견'에 얼마나 공을 더 들이느냐에 달려 있으며, 사용자의 숨겨진 욕구와 맥락을 포착하는 초기 단계의 통찰이 전체 설계의 방향을 결정짓는다. 이를 위해 문제의 본질을 끈질기게 탐구하고 진짜 문제를 식별하려는 노력이 뒷받침되어야 한다. 그리고 이 모든 과정의 중심에는 '사용자 니즈'에 대한 깊이 있는 이해가 있어야 한다.

경영학의 한 분야인 협상학Negotiation Studies에서는 '요구'를 '원하는 바나 바람이 외형적으로 표현된 것'으로 정의하며 그 내면에 있는 근본적인 이유를 '욕구'로 구분한다. 두 관계는 주로 빙산 모델에 빗대어 설명할 수 있다.

우리가 말하는 '빙산의 일각'은 수면 위로 드러난 약 10%에 불과하며 나머지 90%는 물속에 잠겨 있어 우리 눈에 보이지 않는다. 이와 마찬가지로, 사용자가 말로 표현하는 요구 사항은 전체 니즈 가운데 극히 일부분에 지나지 않는다. 그 아래에는 보다 본질적 동기와 욕구가 내재되어 있다.

사용자의 요구는 주로 '무엇What'을 원하는가에 초점을 맞추지만, 핵심은 '왜Why' 그것을 원하는가에 있다. 이 '왜'의 영역에는 감정, 가치관, 상황, 이해관계 등 복잡하고 정성적인 요소들이 포함된다. 따라서 효과적인 해결은 표면에 드러난 요구What뿐 아니라, 그 아래에 존재하는 동기와 맥락Why을 면밀히 읽어내려는 노력이 필요하다. 그래야만 현실적인 제약 조건을 감안한 합리적이고 지속 가능한 해법을 이끌어낼 수 있다.

협상학의 이러한 견해는 서비스디자인의 지향점과도 맥을 같이한다. 서비스디자인에서는 사용자의 요청 너머에 숨겨진 니즈에 주목한다. 사용자가 자각하고 언어로 표현할 수 있는 명시적 니즈 explicit needs는 어디까지나 사용자 이해의 출발점에 불과하다. 중요한 과제는 사용자 스스로도 분명히 인식하지 못하거나 말로 표현하지 못하는 암묵적 니즈implicit needs 를 발견하는 데 있다.

1853년, 세계 최초로 승객이 탑승할 수 있는 엘리베이터가 오티스Otis에 의해 개발되었다. 몇 년 뒤, 미국의 고층 빌딩들에 엘리베이터가 보급되기 시작했지만 초기 승객들 사이에서는 속도가 너무 느리거나 대기시간이 길다는 불만이 제기되었다. 엘리베이터 개발사인 오티스는 고객 불만을 해소하기 위해 다각도로 노력했지만 당시 기술 수준으로는 속도를 획기적으로 향상시키는 데 한계가 있었다.

오티스는 승객들의 불만을 정확히 파악하기 위해 엘리베이터 이용 과정을 직접 관찰하였다. 그 결과, 엘리베이터를 이용하는 승객들은 고층까지 빠른 이동을 기대했지만 실제로는 속도가 느리다는 점을 알고 나면 답답함과 지루함을 느낀다는 사실을 발견했다. 속도가 느린 것 자체도 문제지만 좁고 밀폐된 공간의 압박감 때문에 짜증이 더 커졌다.

오티스는 속도 문제를 즉각 해결할 수는 없었지만, 고객의 지루함과 답답함을 완화하기 위한 대안으로 엘리베이터 내부에 거울을 설치했다. 이 거울은 승객의 시선과 주의를 분산시켜 지루함과 불편함을 덜어주는 효과가 있었고, 그 결과 고객 불만을 효과적으로 줄이는 데 성공했다.

오늘날까지도 엘리베이터 안에 설치된 거울은 오티스가 사용자의 표면적 요구속도가 느리다를 듣는 데 그치지 않고, 그 심저의 욕구지루하고 답답함를 읽고 경험을 재설계한 대표 사례로 자주 언급된다.

혁신의 핵심 요소 가운데 하나는 사용자 니즈를 정확히 파악하는 일이다.
사용자 니즈는 일반적으로 명시적 니즈와 암묵적 니즈로 구분된다.
우리가 흔히 접하는 사용자 니즈는 대부분 '무엇(what)'에 관한 명시적 요구로, 이는 전체 니즈의 약 10%에 불과하다.
반면 나머지 90%는 사용자가 말로 표현하지 않거나, 때로는 사용자 자신도 명확히 인식하지 못하는 암묵적인 것으로, '동기, 목적(why)'에 해당한다.
따라서 진정한 혁신은 숨겨진 암묵적 니즈를 정확히 읽어내는 통찰에서 출발하며 이는 근본적이고 지속 가능한 해법을 이끄는 핵심이라 할 수 있다.

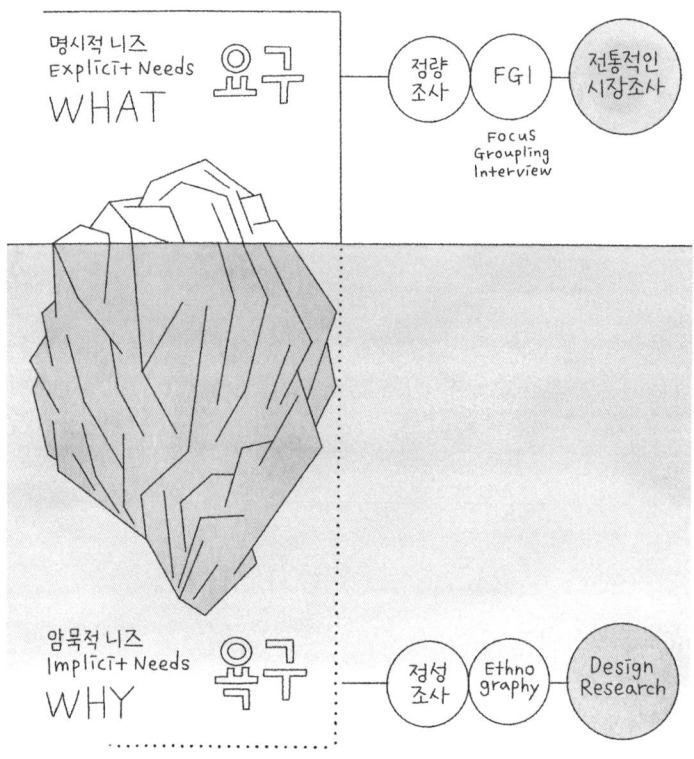

3장 ◦ 사회적 요구 탐색

3. 디자인리서치

스타트업과 벤처캐피털, 투자 시장 데이터를 전문적으로 분석하는 기관인 CB인사이트CB Insights는 2019년, 「스타트업 실패의 20가지 이유The Top 20 Reasons Startups Fail」라는 보고서를 발표했다. 보고서는 실패한 스타트업 100건 이상에 대한 창업자 인터뷰와 기업 보고서 등의 데이터를 분석해 주요 실패 이유를 항목별로 정리했다.

가장 높은 비중의 실패 요인은, 분석 사례의 42%가 지목한 '시장 수요의 부재There was no market need'였다. 이는 많은 스타트업들이 제품이나 서비스를 개발하면서 고객 의견을 충분히 청취하지 못했거나 시장 니즈를 제대로 파악하지 못했음을 시사한다.

이러한 결과는 신생 기업이 성공하려면 개발 초기 단계부터 고객 의견을 수렴하고 시장의 실제 수요를 반영하는 것이 얼마나 중요한지를 입증한다.

사용자 리서치와 함정

한때는 아이디어나 기능이 뛰어난 신제품만으로도 성공 가능성이 높았던 시기가 있었다. 그러나 산업혁명 이후, 질 좋은 제품과 서비스가 폭발적으로 늘어나고 기업 간 경쟁이 치열해지면서, 신제품을 출시하는 것만으로는 성공을 담보할 수 없게 되었다.

신제품의 기획, 생산, 유통, 마케팅에는 막대한 시간과 자본이 투입된다. 이 때문에 기업들은 출시 이전 단계에서 시장 반응을 예측하고 이를 초기에 검증하는 데 신중해질 수밖에 없다. 이러한 배경 속에서 20세기 초, 미국과 유럽을 중심으로 소비자의 생각과 니즈를 파악하기 위한 시장조사Market Research가 도입되기 시작했다.

이미 산업화 이전부터, 사용자의 의견을 반영하는 일은 중요한 비즈니스 활동이었다. 당시에는 대장장이, 장인, 상인 등 제품·서비스를 제공하는 이들이 고객과 직접 만나 주문을 받고 즉각적인 피드백을 반영하는 방식으로 운영되었다. 그러나 철도, 도로, 선박 등 교통망이 발달하고 도시화가 가속화되면서 고객은 여러 지역으로 퍼져나갔고, 기업이 고객 반응을 직접 수렴하기가 점점 어려워졌다.

이 한계를 극복하는 데 전화의 발명과 보급이 중요한 토대가 되었다. 전화조사 덕분에 기업은 먼 지역에 있는 고객의 의견도 빠르고 폭넓게 수집할 수 있게 됐다. 전화를 이용한 시장조사는 제품 평가나 만족도와 같은 대규모 사용자 의견을 모으는 데 매우 효율적인 수단이 되었다. 이러한 방식이 확산되는 동안 1935년 여론조사기관인 갤럽Gallup이 설립되었고, 전화조사는 점차 정치, 사회 이슈 등 다양한 분야로까지 퍼져 나갔다.

전화조사는 오늘날까지도 가장 널리 활용되는 대표적인 정량적 조사 방법이다. 그러나 시간이 지나자 이 방식만으로는 사용자들의 깊은 속내를 파악하는 데 한계가 있음이 드러났다. 많은 기업이 시장조사 전문 기관의 수집·분석한 데이터에 의존해 자신 있게 신제품을 출시했지만, 결과적으로 신제품의 약 70~80%◆가 시장에서 실패했기 때문이다.

특히 전화조사가 보편화면서 고객들은 광고나 세일즈 전화를 빈번하게 받게 되었고, 이에 따라 전화조사 참여를 꺼리는 현상이 발생했다. 응답률이 낮아지자 시장조사 기관들은 응답자가 쉽게 대답할 수 있도록 짧고 간단한 문항 위주로 설문지를 구성했으며, 이로 인해 사용자의 실제 문제와 불편을 깊이 있게 파악하기는 더욱 어려워졌다.

이렇듯 피상적으로 이루어진 전화조사가 점차 신뢰를 잃기 시작하자 한때 호황을 누렸던 시장조사 기관들은 의심의 눈초리를 피해 갈 수 없었다. 시간이 흐를수록 전화조사의 한계는 더욱 뚜렷해

● 조지 갤럽(George Gallup)이 1935년에 갤럽 여론조사기관을 설립했다. 그는 기존의 대량 조사 방식(수십만 건의 우편설문 같은)에서 벗어나, 표본조사(sampling method)를 체계화해 비교적 적은 수의 사람(수천 명 정도)을 대상으로 한 조사만으로도 전체 국민의 의견을 예측할 수 있도록 했다. 갤럽은 특히 1936년 미국 대선에서 소규모 표본 전화조사를 통해 신문사보다 정확하게 당선자를 예측함으로써 명성을 얻게 되었다.

◆ "1999년 매일경제신문사와 다국적 시장조사 전문업체인 에이씨닐슨코리아가 국내 소비재 5천여 개를 대상으로 공동 조사를 실시했다. 조사 결과, 국내 제조업체들이 내놓은 신제품 중 80% 이상이 실패한 것으로 밝혀졌다(실패 기준은 신제품 출시 후 24개월 내에 사라지거나 저성장하는 경우). 조사 결과에 따르면 신제품 실패율은 품목에 따라 62%에서 94%였으며, 평균 실패율은 80%를 넘었다. 품목별로 보면 술과 음료는 70.5~94.0%, 라면과 캔류는 1994년도엔 61.9%였으나 1997년도엔 94.5%로 상승했다. 세제류는 1994년에 새로 선보인 상품 중 72.7%가 실패했으나 1995년 81.1%, 1996년 83.2%, 1997년 93.1%로 실패율이 높아져 갈수록 신제품 경쟁이 치열해지는 것을 알 수 있다. 비누, 샴푸, 치약 등은 75~90%, 월경대와 기저귀는 68~84%가 시판 후 2년이 채 못 되어 아예 생산을 중단하거나 제한적인 영업을 하고 있는 것으로 분석되었다."(출처: 김성희 기자, "신제품 10개 중 8개 실패", 《매일경제》, 1999. 11. 18. (https://www.mk.co.kr/news/economy/2129439)

사용자 조사는 제품·서비스 개발 과정에서 사용자의 요구와 기대, 행동 등을 이해하기 위한 활동이다. 그러나 전통적 사용자 조사는 주로 명시적 니즈에 의존해 왔기 때문에 신제품 개발 실패율이 높아지는 한계를 드러냈다. 실제로 사용자가 말하는 니즈와 실제 행동 사이에는 큰 간극이 존재하며, 이로 인해 표면적인 선호도 조사만으로는 정확한 사용자 인사이트를 얻기 어렵다. 따라서 사용자의 사용 맥락에 기반한 관찰, 행동 분석 등 심층적 조사 방식이 필요하며, 이는 혁신적인 제품·서비스 개발을 위한 필수 조건이 되었다.

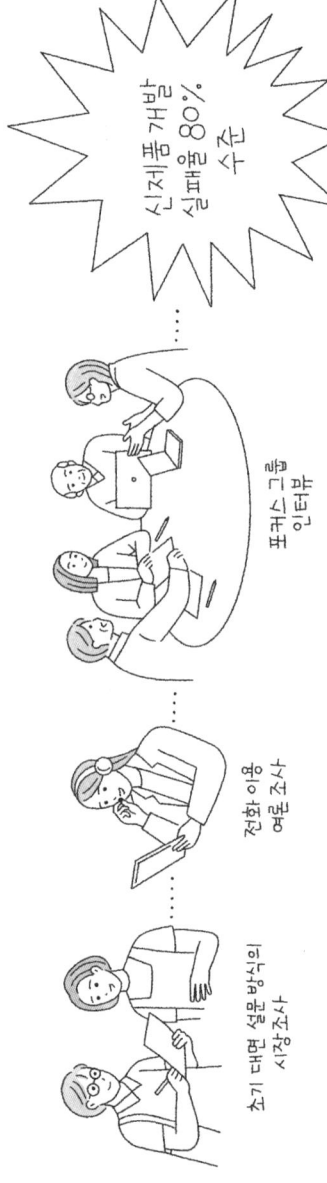

시장조사의 변화
출처: 앤디 밀리건·손스미스, 『리서치 보고서를 던져버려라』, 위즈덤하우스, 2006

졌고 이에 사용자 니즈를 더 깊이 있고 정확하게 파악할 수 있는 새로운 조사 방법의 필요성이 제기되었다.

케네스 B. 칸, 조지 카스텔리온, 애비 그리핀Kenneth B. Kahn, George Castellion & Abbie Griffin은 『PDMA 신제품 개발 핸드북The PDMA of Handbook New Product Development』에서 신제품 개발에 필요한 고객 이해의 원칙과 방법을 제시한다. 이들은 사용자 의견을 수렴할 때 사용자가 명확히 말할 수 있는 것과 말하기 어려운 것을 구분해야 한다고 지적한다. 이는 모든 사용자 의견이 다 의미 있는 통찰로 이어지는 것은 아니며, 사용자 피드백을 비판적으로 해석하고 선별적으로 수용하는 태도가 필요하다는 점을 환기시킨다.

사용자가 제공할 수 있는 정보	사용자가 제공할 수 없는 정보
• 사용자는 그들이 이미 알고 있거나, 경험해보았거나, 그들에게 친숙한 것에 대해서는 신뢰할 만한 정보를 제공할 수 있다. • 그들과 관련 있는 제품에 대해 그들이 가진 문제점과 니즈를 정확하게 언급할 수 있다.	• 사용자는 그들이 경험하지 못한 일이나 개인적으로 익숙하지 않은 것들에 대해서는 신뢰할 만한 정보를 제공할 수 없다. • 신기술, 시제품이나 콘셉트에 대한 신뢰할 만한 반응 및 정보를 제공하기 어렵다. • 충분한 지식 없는 사용자로부터 획득된 정보도 부정확한 정보일 수 있으며, 최악의 경우 사용자의 환상일 수 있다.

사용자들은 대체로 자신이 이미 경험한 문제나 불편함에 대해서만 분명하게 이야기할 수 있으며 그마저도 표현이 제한적이거나 구체성이 떨어지는 경우가 많다. 포드 자동차의 창립자 헨리 포드Henry Ford가 "사람들에게 무엇이 필요하냐고 물었더라면 더 빠른 말을 원한다고 했을 것이다"고 언급한 것처럼, 사용자는 현재의 경험을 기준으로 응답하기 쉬우며 미래의 가능성이나 잠재적 니즈까지 표현하기는 어렵다.

또한 사용자의 피드백은 종종 모순되거나 상충되고 일관성이 부족할 수 있다. 사용자 스스로도 자신의 욕구를 명확히 인식하지 못한 상태일 수 있기 때문이다. 그러므로 사용자 의견을 100% 신뢰하고 곧바로 해결책 도출로 나아가기보다 추가적인 관찰, 맥락 분석, 질문 등 심층적인 탐색을 병행해야 한다.

사용자 피드백을 둘러싼 해석의 한계는 실제 사례에서도 확인된다. 대표적인 예가 '뉴 코크New Coke'의 실패다.

1975년부터 시작된 '펩시 챌린지' 블라인드 테스트 캠페인에서 소비자들이 펩시콜라가 코카콜라보다 더 맛있다고 평가한 결과가 입소문을 타고 퍼지기 시작했다. 1985년 위기감을 느낀 코카콜라는 우세한 시장 점유율을 펩시에게 빼앗기지 않기 위해 무려 99년간 고수해 온 코카콜라 레시피를 변경해 '뉴 코크'라는 신제품을 출시하기로 결정했다. 이 과정에서 코카콜라는 미국 전역에서 거의 20만 명을 대상으로 블라인드 시음·조사를 실시했고 과반수 이상이 새로운 맛을 선호한다는 결과를 얻었다. 경영진은 성공을 확신했다.

막대한 시간과 자원을 들여 얻은 이 선호도 결과는 역설적으로 참담한 실패로 끝났다. 뉴 코크가 출시되자 소비자들 사이에서는 "이건 우리가 아는 코카콜라가 아니다"며 거센 반발이 일었고, 항의 전화와 집단 소송까지 벌어졌다. 판매 실적은 추락했고 브랜드 이미지에도 심각한 타격을 입었다. 결국 코카콜라는 불과 석 달 만에 기존 제품을 '코카콜라 클래식Coca-Cola Classic'으로 재출시해 뉴 코크를 시장에서 철수시켰다.

코카콜라는 시음 결과와 소비자 선호도 수치를 근거로 '콜라의 새로운 맛'이라는 기능적 측면에만 집중한 나머지, 미국인의 일상 속에 녹아든 브랜드에 대한 감정적 애착과 문화적 상징성을 간과했다. 소비자들에게 뉴 코크는 그저 '맛이 다른 음료'가 아니라 자신들의 추억과 향수, 심지어 정체성마저 위협하는 낯선 존재로 인식되었던 것이다. 코카콜라 스스로도 "거의 20만 명에 달하는 블라인드 테스트가 보여주지 못한 것은 소비자들이 오리지널 코카콜라와 맺은 깊은 정서적 유대"였음을 뒤늦게 인정했다.

당시 코카콜라는 콜라가 집에서 소파에 앉아 편안하게 즐기는 익숙한 일상의 일부라는 사용자 경험 맥락을 충분히 감안하지 못했다. 코카콜라는 세계적인 투자자 워렌 버핏Warren Edward Buffett조차 매일 1리터 이상을 마신다고 밝힐 정도로 미국인의 생활 깊숙이 뿌리내린 생활 음료였다. 그러나 블라인드 테스트나 전통적인 시장조사는 이러한 정서적 의미를 충분히 감지하지 못했던 것이다.

뉴 코크의 실패는 제품이나 서비스가 기능적으로 우수하거나 소비자 선호도가 높다고 해서 반드시 시장에서 성공하는 것은 아님을 보여준다, 사용자는 제품·서비스를 경험할 때 맛이나 기능은 물론 그와 얽힌 기억, 상징, 그리고 감정적 연결까지 함께 평가한다.

이 사례는 사용자 피드백을 해석할 때 표면적으로 드러난 응답과 함께 내재된 감정과 사용 맥락을 입체적이고 종합적으로 이해하는 것이 얼마나 중요한지를 상기시킨다. 변화와 혁신의 성공은 이러한 비가시적 신호를 얼마나 정교하게 읽어내고 반영하느냐에 달려 있음을 재인식하게 한다.

또 다른 예로 지금은 많은 호평과 찬사를 받고 있는 허먼 밀러Herman Miller의 '에어론 오피스 체어Aeron Office Chair'가 있다.

1994년에 출시된 이 혁신적인 의자는 초기 사용자 테스트에서 매우 부정적인 평가를 받았다. 처음 의자가 등장했을 때 사람들은 "이게 의자냐?", "괴물 같다" 등의 혹평을 쏟아냈다. 그도 그럴 것이,

에어론 체어는 당시의 일반적인 의자와는 완전히 다른 형태를 하고 있었기 때문이다. 사람들이 생각하는 정상적인 의자는 안정적인 네 개의 다리와 고정된 팔걸이를 가진 구조여야 했다. 그런데 에어론 체어는 시트와 팔걸이의 높이와 각도는 물론, 등받이의 높이와 젖힘의 강도까지 이용자의 신체와 업무 조건에 맞게 정교하게 조절할 수 있도록 설계되어 있었다. 게다가 의자 등받이에 통기성이 뛰어난 메시 소재를 사용했다는 점도 기존 패브릭이나 가죽에 익숙한 사용자들의 의구심을 불러일으켰다. 바람이 통하는 의자가 말이 되는가?

인체공학에 대한 이해가 널리 확산되면서 이제 에어론 체어는 누구나 갖고 싶어 하는 프리미엄 사무용 의자의 대명사로 자리잡았다. 출시 당시만 해도 전형적이고 고전적인 의자 외의 다른 형태는 상상해본 적이 없는 사람들에게 일종의 문화적 충격에 가까운 낯선 제품이었지만, 이후에는 오히려 '사무 환경 혁신의 상징'으로 받아들여졌다.

초기 시장의 부정적인 반응과 내부 마케팅 부서의 회의적인 시각에도 불구하고, 허먼 밀러는 미래의 업무환경의 변화와 인체공학적 필요를 선도해야 한다는 신념으로 이 디자인을 승인하고 과감히 제품화를 추진했다.

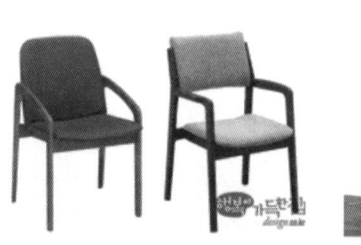

에어론 오피스 체어
출처:
《행복이 가득한 집》
(행복이가득한집 편집부, 디자인하우스)

그 결과 에어론 체어는 2010년 《블룸버그》가 '미국에서 가장 많이 팔린 의자'로 지목할 만큼 대중적 성공을 거두었고, 뉴욕 현대미술관MoMA 영구 소장품이 되는 등 디자인 아이콘이 되었다.

사람은 반복적으로 접해서 익숙해진 것에는 안정감을 느끼고, 완전히 새로운 것에는 본능적으로 거부감을 보이는 경향이 있다. 혁신은 이러한 초기 저항을 극복하고 사용자 경험 기준 자체를 재정의할 수 있는 용기를 요구하기도 한다.

미국의 심리학자 로버트 자욘츠Robert Zajonc는 1968년 '단순 노출 효과Mere Exposure Effect' 이론을 제시했다. 이 이론에 따르면 사람들은 지속적이고 반복적으로 접하는 대상에 점차 호감과 신뢰를 느끼며 더 긍정적인 태도를 갖는 경향이 있다.

이 관점에서 보면, 네 개의 다리와 두툼한 가죽으로 안정감과 고급스러움을 주던 기존 의자에 익숙한 사용자들에게 메시 소재와 하나뿐인 다리를 가진 에어론 체어는 처음에 낯설고 이질적으로 느껴졌을 것이다. 아무리 기능적으로 우수해도 사람들의 심리에는 '익숙함'이라는 보이지 않는 기준이 존재하며, 이를 수용하기까지는 시간과 반복 노출이라는 과정이 필요하다.

1987년 램S. Ram은 학술 논문에서 '혁신에 대한 저항innovation resistance' 개념을 제시해 이후 혁신 저항 연구의 출발점을 마련했다. 그는 논문에서 아무리 우수하고 합리적인 혁신이라 하더라도 소비자는 변화에 직면하면 심리적 부담을 느끼기 때문에 변화에 대한 저항은 비정상이 아니라 당연한 반응으로 보아야 한다고 설명한다.

또한 모든 변화가 반드시 유익하다고 볼 수는 없기 때문에, 새로운 기술에 대한 저항은 혁신 자체의 부정이라기보다는 '혁신이 야기하는 변화'에 대한 반응으로 이해해야 한다고 지적한다. 다시 말해,

혁신 저항은 혁신 수용의 반대 개념이 아니라 소비자가 수용 과정에서 겪는 심리적 불편과 갈등을 반영한 자연스러운 심리 상태[23]로 해석되어야 한다는 것이다.

램의 이론은 소비자가 새롭고 혁신적인 제품이라면 무조건 긍정적으로 받아들일 거라는 기존의 낙관적 전제를 뒤집는다. 그는 혁신의 성공 여부는 기능적 우수성은 물론, 변화에 대한 사용자의 심리적 저항을 얼마나 정확히 이해하고 대응하느냐에 달려 있다고 보았다.

사람들은 일반적으로 기존의 습관, 가치관, 생활방식을 유지하고 싶어 하는 성향이 강하다. 따라서 진정한 혁신은 기술적 완성도만으로는 부족하며 사용자 내면의 심리적 장벽까지 세심하게 파악해 적용하려는 설계 원칙이 필요하다.

이러한 관점은 기술과 제품의 혁신이 끊임없이 등장하는 오늘날 더욱 중요해지고 있다. 인간이 새로움을 추구하는 성향인 '네오필리아Neophilia'는 인류 문명의 진보와 과학기술의 발전을 이끈 중요한 원동력이 된 반면, 변화에 대한 두려움이나 불안에서 비롯된 '네오포비아Neophobia', 현상 유지 편향Status Quo Bias, 손실 회피Loss Aversion, 인지 부조화Cognitive Dissonance와 같은 심리적 저항 요인도 함께 작용한다. 이러한 심리 메커니즘은 소비자가 혁신을 무조건적으로 받아들이지 않는 이유를 설명해준다.

결국 혁신의 성패는 그것이 얼마나 창의적이고 기술적으로 탁월한가보다, 사용자들이 어떻게 반응하고 수용하느냐에 달려 있다는 점을 간과해서는 안 된다.

뉴 코크의 대규모 블라인드 테스트나 초기에 에어론 오피스 체어가 사용자들로부터 겪은 거부 반응은, 소비자 조사 결과만으로는 실제 시장 반응을 정확히 예측하기 어렵다는 점을 보여준다. 특히 이러한 사용자 조사는 대부분 낯선 환경에서 제한된 시간 내에 이루어지기 때문에, 참여자가 '익숙하지 않은 환경에서 익숙하지 않은 제품'을 접하며 보이는 반응이 왜곡될 수 있다. 이는 사용자 조사 설계와 결과 해석 과정에서 반드시 염두에 두어야 할 편향 요인이다.

기존의 시장조사는 소비자의 복잡한 심리와 잠재적 동기를 충분히 포착하지 못하면서 많은 오류와 한계가 드러났다. 이로 인해 일부 혁신가들은 전통적인 리서치 방법론을 비판적으로 바라보거나 때로는 **죄악시**•하는 시각까지 나타났다. 이러한 한계로 인해 소비자의 표면적 요구에만 의존하는 기존의 시장조사 방식에서 벗어나 소비자 스스로도 자각하지 못하는 잠재적 욕구를 발견하고 이해하려는 새로운 관점이 필요해졌다.

이러한 문제의식은 곧 사용자의 말이나 정량적 수치에만 의존하지 않고 그들의 삶 속으로 직접 들어가 행동을 관찰하고 맥락을 심층적으로 이해하려는 접근으로 이어졌다. 이러한 사고방식이 '디자인리서치Design Research'로 발전했다.

- 데이비드 트래비스(David Travis)와 필립 호지슨(Philip Hodgson)은 『UX 리서치』라는 책에서 리서치의 7대 죄악을 만드는 요소로 맹신(사람들의 말을 믿으면 안 된다. 사람들은 이야기를 지어낸다), 독단(현장 방문과 사용자 인터뷰는 확실한 답이 아닌 이정표일 뿐이다. 정량적 데이터는 사람들이 무엇을 하는지만 알려줄 뿐 왜 그렇게 하는지는 말해주지 않는다.), 편향(니즈 발견이 어려울수록 조사자의 관점이 이입될 수 있다), 반계몽주의(리서치를 통한 사용자 이해를 팀원 1인에게 위임하는 것은 위험하다), 게으름(오래된 데이터나 하나의 페르소나를 재활용하는 것에서 발생하는 오류), 모호함(하나의 핵심 질문에 집중하지 않고 여러 개의 질문에 대한 답을 찾을 때 발생하는 오류), 오만(결과보고서에 대한 과도한 자부심 경계)를 꼽았다.

디자인리서치: 사용자 탐구

1962년 런던에서 개최된 「디자인 방법론 회의The Conference on Design Methods」에서 여러 디자이너와 학자들은 디자인을 하나의 과학적 방법론으로 연구하고 체계화할 필요성을 제기하며 본격적인 논의를 시작했다. 이후 1965년 브루스 아처Bruce Archer는 「디자이너를 위한 체계적 방법론Systematic Method for Designers」이라는 논문에서 디자인을 문제 해결을 위한 체계적이고 논리적인 탐구 과정으로 정의하고 이를 '디자인리서치'의 개념과 연결시켰다.

아처는 디자인 연구를 구성, 구조, 목적, 가치 및 인간이 만든 사물과 지식에 대한 체계적 탐구로 정의했다. 따라서 디자인을 감성과 영감에 의존한 창작 활동으로 보기보다는, 문제를 정의하고 정보를 수집·분석하며, 아이디어를 도출하고 이를 평가해 최종 솔루션을 설계하는 일련의 구조화된 문제 해결 과정으로 이해해야 한다고 주장했다.

요컨대 아처는 디자인을 과학적 탐구의 일환으로 재정의함으로써 디자인 행위 전반을 합리적이고 논리적인 지식 기반 위에 위치시키고자 했다. 이러한 시각은 이후 디자인을 체계적인 문제 해결 과정으로 바라보는 디자인리서치의 이론적 토대를 마련했으며 실천적 디자인 과정에서도 중요한 지침이 되었다.

디자인리서치 분야의 선구자이자 디자이너, 연구가, 저술가인 브렌다 로럴Brenda Laurel은 저서 『디자인리서치: 방법론과 관점Design Research: Method and Perspectives』(MIT Press, 2004)에서 "좋은 디자인리서치는 사용자 맥락을 깊이 이해하고 숨겨진 욕구를 발견함으로써 창의적이고 실용적인 문제 해결 아이디어를 도출하는 데 기여한다."라고 기술했다. 따라서 그녀는 새로운 제품·서비스를 개발할 때 디자인리서치를 데이터 수집의 수단으로만 여겨서는 안 되며 창의적 탐색 과정으로 활용해야 한다고 제안했다.

과거에는 디자인리서치가 주로 제품이나 서비스 개발의 일부, 특히 스타일링이나 소비자 취향을 파악하기 위한 시장조사 수준에 머무르는 경우가 많았다. 그러나 오늘날에는 아처의 주장대로, 기획의 초기 단계에서 문제를 정의하고 방향을 설정하는 절차로 발전하고 있다.

이러한 역할을 효과적으로 수행하기 위해서는 정량적 시장조사 Quantitative Research뿐만 아니라 사용자의 실제 맥락과 경험을 심층적으로 탐구하는 정성적 조사 Qualitative Research를 병행하는 다각적 접근이 필요하다.

대표적 사례로 '에어비앤비Airbnb'의 성장 전략을 들 수 있다. 창업 초기, 사용자 수도 적고 매출도 미미했던 에어비앤비는 사용자 트래픽이나 클릭 수와 같은 정량적 데이터에만 의존하지 않았다. 공동 창업자 브라이언 체스키, 조 게비아, 네이션 블레차르지크Brian Chesky, Joe Gebbia & Nathan Blecharczyk는 호스트Host, 숙소 제공자와 게스트Guest, 숙박 손님를 직접 만나고 숙소 이용 경험 전반을 현장에서 관찰하고 인터뷰하면서 사용자 경험을 다각도로 이해하고자 했다.

이들은 호스트의 숙소 사진을 직접 촬영해주는가 하면, 숙박 과정에서의 불편함, 기대치, 커뮤니케이션 문제 등을 면밀히 파악하며 사용자 관점에서의 해결 단서를 찾았다. 동시에 웹사이트 내 사용자 행동 데이터를 꼼꼼하게 분석해, 숙소 사진의 미적 수준이 예약률에 큰 영향을 미친다는 사실을 발견하고 '무료 프로페셔널 사진 촬영 서비스'를 도입했다. 이어 숙소 소개 가이드라인을 새롭게 정비했으며 이후에는 리뷰 시스템을 강화하고 결제 절차를 간소화하는 등 사용자 경험 전반에 걸쳐 지속적인 개선을 추진했다.

에어비앤비의 창업자들은 수치화된 데이터와 사용자 응답만큼이나 실제 경험 환경을 중요하게 여겼고 이러한 통합적 이해를 바탕으로 의미 있는 혁신을 이끌어냈다.

디자인리서치의 방법론적 관점은 사회학자 켄 플러머Ken Plummer의 주장에서도 이론적 근거를 찾을 수 있다. 그는 저서『삶의 문서Documents of Life』1983에서 "현실은 주관적인 의미 해석을 통해 구성된다"고 보았으며, 어떤 사회 현상을 이해하려면 사람들의 경험과 그들이 부여한 의미를 분석해야 한다고 보았다. 특히 그는 사람들이 직접 겪는 삶의 이야기를 통해 사회 구조가 개인에게 미치는 영향을 더 깊이 이해할 수 있다고 강조했다. 이러한 관점은 사용자 맥락을 중시하는 디자인리서치의 지향점과도 상통한다.

본질적인 문제는 숫자와 통계만으로는 온전히 설명되지 않는다. 당사자의 삶을 들여다보고 그들의 언어로 세계를 이해할 때 비로소 진짜 맥락이 드러난다. 이로 인해 디자인리서치는 사용자 개개인의 '삶의 맥락'을 중심에 두고, 그 속에서 드러나는 감정, 불편, 기대를 통해 문제를 새롭게 정의하고자 한다. 아울러 이러한 과정은 사용자 이해에서 출발해 사회·문화적 맥락과 연결되며, 궁극적으로 혁신의 방향을 근본적으로 재구성하는 토대를 제공한다.

이 리서치는 감성적 공감이나 직관을 활용하되, 사용자의 경험을 구조적으로 이해하려는 의도적이고 계획적인 탐구 활동이다. 이를 위해 '관찰하기', '되어보기', '심층 인터뷰'와 같은 다양한 정성적 기법을 활용하며 복잡한 사용자 경험을 다층적으로 해석한다.

사용자 깊이 이해하기

탐구 방법 ① Observe: 사용자 관찰하기

1990년대 후반 맥도널드는 밀크쉐이크의 판매량을 높이기 위해 대대적인 마케팅과 소비자 조사를 실시했다. 기존 고객 데이터를 분석한 뒤 다양한 맛의 신제품을 개발하고 가격 정책을 조정하는 등 여러 가지 시도를 했지만 매출과 수익에는 뚜렷한 변화가 없었다.

이에 맥도널드는 하버드 경영대학원HBS의 클레이튼 매글비 크리스텐슨Clayton Magleby Christensen● 교수 연구팀에 이 문제를 의뢰했다. 크리스텐슨 교수팀은 밀크쉐이크를 구매하는 고객이 누구이며, 왜 이 음료를 선택하는지를 밝히기 위해 현장 관찰 조사에 착수했다. 팀원들은 매장에서 하루 10시간 이상 고객을 지켜보며 구매 시간대, 동행 여부, 함께 구매하는 제품 등을 자세히 기록하고 인터뷰를 통해 구매 동기를 조사했다.

그 결과 밀크쉐이크의 상당수가 오전 9시 이전에 판매되고 있었으며, 주요 구매자는 출근길의 성인 남성이라는 점을 발견했다. 이들은 아침 식사 대용으로 밀크쉐이크를 선택한 이유에 대해 "아침 출근길에 간편하게 공복을 채울 수 있고 교통체증의 지루함도 달랠 수 있기 때문이다"라고 설명했다. 고객들은 맛이나 디저트로서가 아니라 '출근길'이라는 특정 상황에서 허기를 달래는 편리하고 실용적인 용도로 밀크쉐이크를 선택한 것이었다.

이에 맥도날드는 밀크쉐이크를 기존의 디저트가 아닌 '아침 대용식'으로 재정의했다. 점성을 높여 더 걸쭉하게 만들고 빨대는 더 가

● 21세기 초, 미국의 가장 영향력 있는 비즈니스 컨설턴트로, 비즈니스 아이디어로 불리는 '파괴적 혁신(Disruptive Innovation)' 이론을 개발했다.

늘게 제작해 고객들이 차 안에서 오랫동안 즐길 수 있도록 개선했다. 이렇게 재탄생한 밀크쉐이크는 판매량이 눈에 띄게 늘어나며 기대 이상의 반응을 얻었다.

이 사례는 고객의 말이나 직접적인 요구보다 그들이 처한 상황과 제품을 사용하는 맥락을 이해하는 것이 더 중요하다는 사실을 보여준다.

고객 행동 관찰을 통한 또 하나의 혁신 사례로 포르투갈의 리스본 공항Lisbon Humberto Delgado Airport이 있다. 2008년 당시 관광 붐을 타고 공항 이용객 수가 급증했지만 공항 측은 이러한 수요 증가를 감당할 준비가 되어 있지 않았다. 긴 대기 줄, 혼잡한 보안 검색대와 탑승구는 승객들의 불만을 키웠고 공항의 고객 만족도 지표는 연일 하락세를 보였다. 유럽 내 공항 평가에서도 순위가 떨어지며 공항의 브랜드 가치 역시 위기를 맞았다.

때마침 유럽연합EU은 공항의 이용자 편의성, 안전성, 접근성 기준 향상 등 규제 강화를 발표했고 리스본 공항은 더 이상 서비스 개선을 미룰 수 없게 되었다. 이에 공항 운영진은 시설을 개선하는 것은 물론이고 이 기회를 고객 불편을 해소하고 전반적인 이용 경험을 혁신하는 계기로 삼고자 했다.

리스본 공항은 영국의 서비스디자인 전문기업인 엔진그룹Engine Group●에 프로젝트를 의뢰했다. 엔진그룹은 고객의 공항 이용 경험을 탐색하기 위해 현장으로 달려가 공항 방문객들의 이용 행태를 관찰하기 시작했다. 그때 출국장 앞에서 쪼그려 앉아 트렁크를 열고 있는 두 여성을 발견했다. 가까이에서 살펴보니 두 여성은 서둘러 트렁크에서 옷을 꺼내 입고 있었다.

기온 차가 큰 나라로 장거리 여행을 할 때 종종 공항에서 옷을

갈아입는 광경이 펼쳐지고는 하는데 리스본 공항에서도 그와 같은 상황이 목격된 것이다.

바로 이 순간, 이용자 경험 속에 감추어져 있던 잠재적 니즈가 표면으로 드러난 것이었다. 이를 계기로 엔진그룹 팀은 공항을 이용하는 고객들의 실제 행동을 더욱 구체적이고 체계적으로 관찰하고, 다양한 인터뷰를 통해 문제의 본질과 요구사항을 파악해 나갔다. 곧이어 현장 직원과 항공사 등 다양한 이해관계자의 입장에서 이슈를 분석한 후 새로운 공항서비스를 기획했다.

이후 공항은 복잡한 동선과 긴 대기 줄 문제를 개선하고, 수유실, 가족 공간, 아동 놀이 공간, 수화물 위탁 후 카트 사용 허용 등 다양한 가족 단위 서비스를 도입했다. 또한 장애인 지원 서비스 범위를 확대하는 등 전반적인 공간 경험을 향상시켰다. 맥도널드와 리스본 공항 사례는 고객의 행동과 상황을 자세히 관찰함으로써 인지하기 어려웠던 근본적 문제를 깨달을 수 있다는 점에서 중요한 통찰을 준다.

영국 엔진그룹, ANA의 서비스 개발 프로젝트, Engine-KIDP 디자인 워크숍 발표 자료, 2010
출처: https://www.designdb.com/

● 엔진그룹(Engine Group)은 영국 런던에 본사를 둔 세계적인 서비스디자인 컨설팅 회사로, 디자인씽킹과 인간 중심 접근(Human-Centered Approach)을 기반으로, 사용자의 경험 혁신과 서비스 전략 수립에 특화된 전문 기업이다. 주로 공공기관, 금융, 헬스케어, 항공 등의 다양한 산업 분야에서 사용자 중심의 혁신을 성공적으로 수행하고 있다.

이들은 고객의 요구를 듣는 데 그치지 않고, 고객이 누구인지Who, 어떤 상황에서When, Where, 왜 그런 행동을 하는지Why, 어떻게 행동하는지How를 이해함으로써 그들이 정말로 필요로 하는 제품과 서비스What를 새롭게 정의했다. 이는 사용자의 니즈를 한낱 수요가 아니라 맥락 속에서 총체적으로 파악하려는 시도라 할 수 있다.

그러나 이러한 통찰은 우연히 얻어지는 것이 아니다. 관찰은 그저 '보는 것'을 넘어 무엇을 어떻게 보느냐에 따라 전혀 다른 결과를 낳는다. 따라서 보이는 것을 수집하고 기록하는 데 멈추지 않고 사용자의 행동 이면에 있는 감정, 제약, 의도 등 보이지 않는 요소까지 읽어내는 정교하고 체계적인 관찰 방식이 요구된다.

이에 적합한 분석 도구가 바로 '관찰 렌즈Observation Lenses'이다. 관찰 렌즈는 사용자의 행동을 여러 층위에서 해석할 수 있도록 돕는 분석 프레임으로 문제를 정밀하게 진단하고, 본질적 해결책을 도출하는 데 효과적이다.

다음은 사용자 경험을 분석할 때 유용하게 활용할 수 있는 세 가지 관찰 렌즈이다.

첫째, '물리적 공간Physical Space' 렌즈는 사람들이 공간을 어떻게 인식하고 사용하는지를 관찰하는 데 주로 사용된다. 예를 들어 사람들이 특정 공간에서 오래 머무르거나, 피하거나 망설이는 지점, 앉는 위치를 선택하는 방식 등으로부터 공간이 제공하는 편의성, 안전성, 혹은 심리적 거리감에 대한 단서를 얻을 수 있다.

둘째, '상호작용Interactions' 렌즈는 사람과 사람, 혹은 사람과 시스템·제품 간의 상호작용을 관찰하는 데 중점을 둔다. 사용자가 어떤 지점에서 멈추거나 머뭇거리는지, 언제 도움을 요청하는지, 어떤 식으로 기기를 조작하는지, 또는 대화를 어떤 방식으로 주고받는지를 살펴보는 것이다. 이러한 정보는 사용자 경험의 병목 지점이나 불편의 실체를 파악하는 데 도움이 된다.

셋째, '물리적 사물Objects' 렌즈는 사용자가 사물이나 도구를 어떻게 사용하는지, 혹은 본래의 목적과 다르게 창의적으로 활용하는 모습 등을 관찰하는 데 집중한다. 예컨대 커피컵을 쥐는 방식이나 가방 대신 종이봉투를 사용하는 경우, 자전거 거치대에 다른 물건을 걸어두는 행위 등은 현재 시스템의 제약이나 숨겨진 니즈를 유추할 수 있게 하는 의미 있는 열쇠가 될 수 있다.

물리적·행동적 관찰 외에도 표정과 같은 비언어적 신호에도 주목할 필요가 있다. 사용자의 얼굴에 나타나는 미묘한 표정 변화는 그들이 말하지 않은 감정 상태—짜증, 당혹, 긴장, 놀람, 혼란, 불쾌감 등—를 노출하는 단초가 된다. 이러한 감정 표현은 문화와 언어를 초월해 보편적으로 인식되는 정서 반응으로, 상황에 대한 사용자의 내면 상태를 즉각적이고 신뢰성 높게 반영한다.

특히 감정은 말보다 빠르고 더 솔직하게 표현되기 때문에 관찰자는 표정과 몸짓 같은 비언어적 신호를 민감하게 감지하고 해석하는 역량이 요구된다.

이처럼 관찰 렌즈와 감정 신호의 해석은 상호보완적이며, 사용자의 숨겨진 니즈를 깊이 이해하고 공감 기반의 시사점을 도출하는 데 중요한 역할을 한다.

하지만 이러한 관찰과 해석이 효과적으로 이루어지기 위해서는 관찰에 앞서 "무엇을 볼 것인가?"와 함께 "왜 그것을 관찰하는가?"에 대한 목적과 계획을 명확히 설정하는 과정이 반드시 선행되어야 한다. 즉 관찰 대상과 범위를 정의하는 것만큼이나 관찰이 어떤 문제를 밝히기 위한 것인지, 그 의도와 맥락을 분명히 하는 것이 바람직

관찰 렌즈 종류	관찰 관점	질문 예시
물리적 공간 (Physical Space)의 렌즈	사람들이 주변 공간과 사물, 환경을 어떻게 사용하는지, 그리고 어떻게 움직이는지 관찰	• 가게에서 어디에 오래 머무는지, 어떤 공간/길을 피하는지? 어디서 머뭇거리는지? • 카페에서 사람들이 전기 콘센트 근처 좌석에 몰리는 패턴 • 병원 대기실에서 사람들이 특정 의자만 골라 앉는지?
상호작용 (Interactions) 렌즈	사람들 간, 사람과 제품·서비스/시스템 간 상호작용을 관찰	• 사람들이 앱을 쓸 때 어디서 멈추는지? • ATM 사용자가 버튼을 누를 때 어떤 버튼에서 머뭇거리는지/당황하는지 보기 • 슈퍼마켓 셀프 계산대 앞에서 직원에게 도움을 요청하는 순간, 또는 지점은 어디인지? • 가게 직원과는 어떤 대화를 주고 받는지? • 이 밖의 긍정적·부정적 상호작용의 발생 지점
물리적 사물 (Objects)의 렌즈	사람들이 사물, 도구, 제품을 어떻게 사용하고 조작하는지 관찰	• 사람들이 커피를 어떤 방식으로 들고 다니는지? • 노트북 위치를 어떻게 조절하는지? • 자전거 거치대에서 사람들이 자물쇠를 어떻게 풀고 거는지 보기 • 스마트폰을 사용할 때 특정 앱을 열기까지 몇 번이나 화면을 넘기는지 관찰 • 반복적으로 하거나 우회하는 행동이 있는지? • 물건을 사용하는 방식에 편법이나 꼼수, 나름대로의 변형된 사용법이 있는지? • 제품 사용 중 불편을 참거나 무시하는 행동이 있는지?

하다. 관찰의 출발점인 이러한 목표 설정은 이후 기록, 분석, 해석 전반의 기준이 된다.

그다음으로 관찰의 범위와 요소를 구체화해야 한다. 예컨대 어느 공간에서 이루어지는 상호작용을 볼 것인지, 어떤 물건이나 도구의 사용 방식을 살필 것인지 등을 미리 정해 두면 관찰의 초점이 분산되지 않고 효과적으로 질문할 수 있다.

관찰이 시작되면 관찰자는 "왜 저렇게 행동할까?"라는 질문을 스스로에게 계속 던지며 사용자의 선택과 행동을 주의 깊게 지켜보아야 한다. 이때 무엇보다 중요한 원칙은 관찰 내용을 해석하지 말고 있는 사실 그대로 기록하는 것이다. 사용자의 말이나 행동을 자신의 언어로 바꾸거나 의미를 부여하면 관찰의 객관성과 정확성이 훼손될 수 있다. 그러므로 판단을 유보하고 사실 중심의 메모를 빠짐없이 남기는 것이 고품질의 관찰을 위한 관건이다.

관찰이 종료된 후에는 기록한 내용에서 반복되거나 눈에 띄는 행동, 공통된 반응, 예외적인 선택 등을 식별하고 패턴화한다. 처음에는 보이지 않았던 의미 있는 통찰을 이끌어낼 수 있으며, 이 과정은 사용자의 숨겨진 니즈를 밝혀내고 문제를 재구성하는 데 결정적 역할을 한다

탐구 방법 ② Experience: 사용자 되어보기

관찰은 사용자의 실제 행동과 맥락을 통해 숨은 니즈나 불편을 발견할 때 매우 유용하다. 그러나 관찰만으로는 그 행동에 내재된 감정이나 동기까지 충분히 이해하기에는 한계가 있다. 설령 사용자에게 직접 물어보더라도, 자신이 어떤 감정 상태에서 그런 행동을 했는지, 혹은 왜 같은 선택을 반복하는지를 명확히 설명하지 못하는 경

우가 많다.

이 한계를 보완하는 방법이 바로 '사용자 되어보기'이다. 관찰자가 직접 사용자 입장이 되어 제품이나 서비스를 체험함으로써 사용자의 행동 속에 감추어진 감정과 동기를 몸소 경험하는 것이다. 이같은 경험은 사용자의 행동에 대한 공감과 맥락적 이해를 높여주며, 관찰을 통해 얻은 통찰의 깊이를 더욱 풍부하게 해준다.

대부분의 사용자는 일상에서 웬만한 불편은 잘 표현하지 않고 그냥 참고 넘기기 마련이다. 통증생리학에 따르면 인간의 신경계는 작은 자극에 대해서는 억제하거나 무시하려는 경향이 있지만 일정 수준을 넘어서면 비로소 '통증'으로 인식하고 이를 표출한다. 자극이 통증으로 전환되는 이 기준점을 '역치Threshold'라 하며, 그 지점을 넘는 순간 사람은 "아프다!"고 확실하게 반응한다. 우리는 이를 "한계 또는 임계점을 넘었다"고 표현한다.

이와 마찬가지로 어떤 제품이나 서비스를 이용하면서 발생하는 작은 불만이 반복되거나 누적될 경우, 사용자 역시 어느 순간 제어할 수 없는 감정적 역치에 도달하게 된다. 이 임계점을 넘긴 사용자는 그 자리에서 불만을 폭발시키거나 서비스를 이탈하고, 나아가 주변인이나 소셜 미디어에 부정적 소문을 퍼뜨리는 등 적극적인 행동에 나서기 쉽다.

따라서 사용자의 불만이 '역치'를 넘기기 전에, 즉 사소하지만 반복되는 불편이나 감정적 불만 상태를 조기에 감지하고 대응하는 것이 매우 중요하다. 이때 '사용자 되어보기'는 그러한 초기 징후를 포착하는 데 효과적인 방법이다.

'사용자 되어보기'를 통해 사용자의 삶을 직접 체험하고 문제를 깊이 공감한 뒤, 혁신적인 솔루션을 제시한 대표적 인물로, 미국의 산업 디자이너이자 노인학자인 패트리샤 무어Patricia Moore가 있다.

1979년, 26세의 젊은 산업 디자이너였던 무어는 냉장고 문을 여닫거나 무거운 주방 기구를 다루기 힘겨워하는 할머니를 보며, 노인도 쉽게 사용할 수 있는 제품을 디자인해야겠다고 결심했다. 그러나 회사에 이런 디자인 계획을 제안했을 때 돌아온 반응은 무관심이었다. 실망한 무어는 자신이 직접 노인의 입장이 되어 '노인 친화적인 디자인'이 무엇인지 찾아보기로 했다.

젊고 건강한 여성이었던 무어는 80대 노인처럼 완전 분장을 했다. 노인의 신체 조건에 맞게 일부러 시력이 맞지 않은 안경을 쓰고 귀에 솜을 넣어 청력을 낮추었으며, 철제 보조기를 착용해 다리 움직임을 불편하게 만들었다. 이렇게 '노인'이 된 무어는 평소 10분이면 도착하는 식당이 노인의 걸음으로는 한 시간 이상 소요된다는 사실을 알게 되었다. 또한 짧은 보행 신호등 시간에 맞춰 횡단보도를 건너기가 버거웠을 뿐만 아니라 견고하고 묵직한 상점 문을 여닫는 일조차 다른 사람의 도움 없이는 힘에 부친다는 사실을 깨달았다.

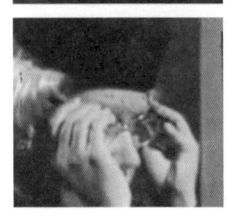

미국의 산업 디자이너이자 노인학자인 패트리샤 무어
출처: "노인을 위한 세상", 산업디자이너 패트리샤 무어, <신비한 TV 서프라이즈>, MBC, 2015

1979년부터 약 3년간 노인으로 분장해 생활한 무어는 미국과 캐나다의 116개 도시를 돌며, 노인의 일상적 불편과 사회적 장벽을 체험했다. 그녀는 이 경험으로 노인이 겪는 신체적 제약 외에도 사회적 고립과 차별로 인한 심리적 고통까지 깊이 이해하게 되었다.

또한 기존의 제품·서비스가 젊고 건강한 사람을 기준으로 설계되어 있으며, 노인과 장애인 등 사회적 약자를 배제하고 있다는 현실도 인식하게 되었다. 이 경험은 무어로 하여금 일부 집단만을 위한 디자인이 아닌 모든 사람을 포용하는 디자인의 필요성을 절실히 깨닫게 했다. 그녀는 이 같은 통찰을 바탕으로 '유니버설 디자인 Universal Design'이라는 개념과 철학을 처음 세상에 제시했다. 이는 오늘날 포용적이고 지속 가능한 디자인의 토대가 되었다.

무어는 유니버설 디자인이 단지 이론에 그쳐서는 안 되며, 현실적으로 구현 가능한 설계 기준으로 이어져야 한다고 강조했다. 이를 위해 손의 힘이 약한 사람도 쉽게 사용할 수 있도록 밀고 당기는 동작이 모두 가능한 '푸시-풀push-pull' 문손잡이, 저시력 이용자를 위한 대형 버튼과 큰 글씨, 가볍고 인체공학적인 지팡이와 워커 등을 직접 제안했다.

무어의 디자인 철학은 오늘날 우리에게 익숙한 양손잡이용 가위, 저상버스, 소리 나는 주전자, 안전 감자칼 등 노인을 포함한 다양한 사용자를 배려한 혁신적 제품이 널리 보급되는 데 큰 역할을 했다.

그녀는 사회 전반에 미친 영향력을 인정받아 미국《ABC 뉴스》가 선정한 '새 천년을 정의하는 50명의 미국인The 50 Americans Who Defined the Millennium'에 선정되었으며 많은 디자이너들의 롤모델이 되었다. 무어는 한 인터뷰에서 자신의 디자인 철학에 대해, "디자인은 그것을 필요로 하고 원하는 대상을 기반으로 해야 한다"고 힘주어 말했다.

그녀의 '사용자 되어보기'는 일반적으로 사용되는 설문조사나 포커스 그룹 인터뷰와는 전혀 다른 접근 방식으로, 디자인리서치의 혁명적 전환점으로 평가받는다. 사용자의 문제에 공감하기 위해 그들의 삶을 직접 체험하고 고통과 불편을 몸소 이해하려는 이 실험적 시도는, 이후 서비스디자인과 디자인씽킹의 핵심 철학인 인간 중심 디자인의 초석이 되었다.

무어의 사례는 디자인이 문제 해결 이상의 가치를 추구하며 인간의 삶을 깊이 이해하고 변화시키는 도구가 되어야 한다는 점을 설득력 있게 보여준다.

앞서 살펴본 바와 같이, 사용자 관점에서 그들의 요구와 문제를 진단하는 방법으로 '관찰하기'와 '되어보기'가 있다. '관찰하기'는 사용자의 표면적 행동을 파악하는 데 유용하지만, 심층에 놓인 감정과 심리적 장벽까지는 도달하기 어렵다. 반면에 '되어보기'는 사용자의 입장에서 직접 체험하기 때문에 감정적으로 더 깊이 공감하고 이해할 수 있지만, 상당한 시간과 자원이 소요되어 현실적 제약이 따르기도 한다.

이 두 방법의 강점을 통합한 방식이 바로 '서비스 사파리Service Safari'다. 이 기법은 연구자가 현실의 사용자처럼 서비스 환경을 직접 체험하면서 동시에 관찰자의 시선으로 그 과정을 기록하고 분석한다. 사용자의 여정을 따라가며 그들과 동일한 방식으로 행동하고 경험하면서 은연중에 표출되지 않았던 숨은 불편과 감정, 그리고 무의식적인 반응을 포착한다.

가령 로컬 관광 활성화를 위한 사용자 니즈 발굴 과제에 서비스 사파리 기법을 적용하는 것은 실효성 있는 사용자 중심 탐색 방법이 될 수 있다160~163쪽 참고. 먼저, 관광객이 여행을 시작할 때 품는 기대감과 목적을 확인한다. 이어서 정보 탐색, 교통과 이동 수단, 숙소 체크인, 식사, 지역 체험, 쇼핑, 귀가 등 여행의 시작부터 종료까지 전체 여정을 시간 순으로 꼼꼼하게 계획한다.

그런 다음 연구자는 실제 관광객처럼 현장에 몰입해 각 여정을 체험·관찰하며, 그 순간에 느낀 감정, 행동, 인상, 불편함 등 다양한 사용자 반응을 구체적으로 기록한다. 이때 중요한 것은 서비스를 '좋고 나쁨'으로 평가하는 것이 아니라 사용자가 어떤 기대감을 가졌는지와 어디서 어떻게 충족되지 않았는지를 살펴본다.

이와 같은 분석은 그동안 인식하지 못했던 잠재적 불만과 미충족 욕구를 밝혀내어 사용자에 대한 이해를 더 구체적이고 심층적으로 만든다.

서비스 사파리는 인류학과 사회학에서 주로 활용하는 질적 연구 방법인 '민족지학Ethnography'에서 파생된 기법이다. 민족지학은 연구자가 연구 대상자의 삶 속으로 들어가 장기간 공동체 일원이 되어 그들의 문화, 행동, 일상적 상호작용을 심층적으로 관찰하고 해석하는 방법론이다Geertz, 1973; Hammersley & Atkinson, 2007.

이 방법론이 사용자의 일상적 행동 맥락에 기반한 욕구 파악에 효과적이라는 사실이 알려지면서, 1990년대 이후 미국과 유럽의 제품·디자인 기업들은 이를 소비자 조사 방법으로 적극 도입하기 시작했다Norman, 1998; Blomberg et al., 2003.

민족지학은 오늘날 UX 리서치와 서비스디자인 분야에서 정성적 데이터에 기반한 사용자 중심 설계 전략을 세울 때 주요 리서치 방법으로 널리 채택되고 있다.

사용자의 실제 환경을 직접 방문해 사용자의 행동을 관찰하고 인터뷰를 병행하면서 구체적이고 실행 가능한 통찰을 얻는 방식으로 '고객 방문Customer Visit' 기법도 있다. 이 방법은 단기적으로는 사용자 경험에서 통찰을 확보할 수 있으며, 장기적으로는 고객과의 신뢰 관계를 구축해 고객 관계를 강화하는 데 유효하다.

한편 사용자의 심리적 동기나 사용 맥락에 좀 더 초점을 맞춘 활용 방법으로 '역할극role-playing'이 있다. 가상의 시나리오와 역할을 설정해 참여자가 특정 상황에 몰입하도록 하여 감정, 기대, 저항 등 실제 사용자 경험에서 나타날 수 있는 심층적 반응을 보다 자연스럽게 표출하게 한다. 피상적인 인터뷰나 관찰만으로는 식별하기 어려운 잠재적 욕구나 심리적 저항 요소를 찾을 때 매우 효과적이다. 특히 서비스 초기 설계 단계에서 의미 있는 사용자 통찰을 얻는 데 유용하다.

탐구 방법 ③ Interview: 사용자에게 물어보기

2000년대 중반, 인도 정부는 초등교육 보급률을 높이기 위해 적극적인 교육 정책을 펼쳤다. 이에 힘입어 초등학교 입학률은 크게 향상된 반면, 중학교 진학 이후 여학생의 중퇴 비율이 급격히 증가했다. 특히 농촌 지역 여학생의 중퇴 문제는 심각한 수준이었다.

이 현상의 근본 원인을 규명하기 위해 인도의 비영리 교육단체인 '룸 투 리드Room to Read'는 질적 조사 방법 중 하나인 심층 인터뷰를 실시했다. 인터뷰는 중퇴한 여학생과 그 가족, 현재 재학 중인 여학생, 학교 교사를 대상으로 1:1 개별 면담 방식으로 진행되었다. 면담을 위해 여성 조사원을 배치함으로써 친근감과 심리적 안정감을 높이고, 집이나 마을 회관 등 친숙한 공간을 면담 장소로 활용해 신뢰와 개방성을 확보했다.

인터뷰 결과, 여학생 중퇴의 주요 원인은 학교 접근성이나 경제적 어려움만으로 설명되지 않았다. 농촌 지역에서는 여성의 '시집가기', '가사노동', '동생 돌보기'가 학업보다 더 우선시되는 문화와 사회적 인식이 뿌리 깊게 자리하고 있었다.

또한 많은 여학생이 월경 기간에 등교를 불편해하는 경향도 확인됐다. 열악한 위생 설비와 또래 남학생들의 놀림거리가 되는 것을 창피해했다. 무엇보다도 주변에 중학교를 졸업한 여성이 거의 없었다. 공부를 계속하는 것이 자신의 미래와 어떻게 연결되는지 상상할 수 없었기에 중퇴 결정은 그다지 어려운 선택이 아니었다.

이러한 응답은 인도 농촌 마을 여중생들의 중퇴 문제를 구조적·문화적 맥락에서 재해석할 수 있는 중요한 의미를 안겨주었다. 룸 투 리드는 이 결과를 바탕으로 개인·학교·지역사회 차원의 다층적 실행 로드맵을 수립했다.

먼저 지역의 여성 리더를 멘토로 연결해 여학생들에게 구체적이고 현실 가능한 롤모델을 제시했으며, 월경 위생 키트와 교육 프로그램을 제공해 학교 출석률을 높일 수 있었다.

또한 학교 내 화장실을 정비하고 여학생 전용 공간을 마련해 안전한 학교 생활이 유지될 수 있도록 했다. 한편, 부모와 지역 사회를 대상으로 교육의 가치와 장기적 효과에 대한 설명과 캠페인을 병행해 주민들의 인식 변화를 유도해 나갔다.

심층 인터뷰Depth Interview 또는 In-depth Interview는 정량적 데이터만으로는 진단하기 어려운 사회적 맥락, 문화적 저항, 사용자 내면의 감정과 동기를 심도 깊게 이해하도록 돕는 대표적 질적 조사 방법이다. 사용자가 구체적으로 겪고 있는 문제의 본질을 드러내고 내재된 욕구와 저항 요인을 구조적으로 진단하는 데 매우 효과적이다.

이 방식은 사용자 개인의 내면적 동기, 가치, 욕구 등을 맥락 안에서 통합적으로 이해하려는 목적에 적합하며, 인터뷰 도중 자연스럽게 표출되는 암묵적 니즈와 불편 요소를 민감하게 탐지해 강점을 가진다.

또한 조사 대상이 복잡하거나 서비스 범위가 넓고 다층적인 경우에도 심층 인터뷰는 의미 있는 시사점을 도출할 수 있는 강력한 수단으로 기능한다.

디자인리서치에서 활용하는 심층 인터뷰는 일반적으로 '반구조화 인터뷰semi-structured interview●' 형식으로 진행된다. 사전에 질문의 주제와 흐름 등 질문의 뼈대는 준비하되, 인터뷰 대상자의 답변에 따라 특정 주제나 반응에 유연하게 추가 질문을 던지며 인터뷰를 심화하는 방법이다.

이러한 탐색적 시각은 인도의 여학생 중퇴 문제 해결 사례에서 보듯, 예상하지 못한 단서와 사용자의 내재된 니즈를 규명하는 데 특히 효과적이다. 또한 사용자의 경험이 형성되는 맥락을 예의주시하고, 그 기반 위에서 실행 가능한 문제 해결 아이디어를 도출하기에 유용하다.

이와 같은 방법이 효과를 발휘하려면 질문 설계에 있어 몇 가지 원칙을 준수해야 한다.

● '반구조화 인터뷰(semi-structured interview)' 방식은 사전에 질문의 주제와 흐름을 준비하되, 인터뷰 중 참가자의 답변에 따라 유연하게 질문을 추가하거나 방향을 조정할 수 있다. 질문 순서와 형식이 고정된 '구조화 인터뷰'와 달리, 반구조화 인터뷰는 대화의 흐름에 따라 예상하지 못한 주제를 더 깊이 탐색할 수 있는 장점이 있으며, 사용자로부터 더 풍부하고 진솔한 이야기와 통찰을 이끌어내기에 효과적이다.

무엇보다 사용자가 직접 겪은 경험과 상황만 이야기하도록 유도해야 하며, 사용해본 적 없는 제품이나 경험하지 않은 가상의 상황에 대한 선호도를 묻는 질문은 피해야 한다. 이러한 질문은 상상적 답변을 유도해 신뢰할 만한 근거를 얻기 어렵다.

따라서 질문은 과거의 구체적인 경험 행동, 감정 그리고 선택의 맥락에 초점을 맞추어야 한다. 이를테면 사용자가 제품·서비스를 "언제, 왜, 어떻게 구매했고, 어떻게 사용했는가?", "사용 과정에서 만족스러웠던 점과 불편했던 점은 무엇인가?"와 같은 질문이 적절하다. 가능하다면 제품 자체보다는 기능이나 속성에 관한 질문을 중심으로 구성해, 사용자가 중요하게 여기는 평가 기준이나 요소를 파악할 수 있다.

또한 인터뷰는 언어적 응답에만 의존하지 않고 비언어적 신호의 해석을 병행하면 더 심오한 통찰을 얻을 수 있다. **행동심리학** behavioral psychology◆에 따르면 인간의 심리 상태는 종종 외현적 행동 Observable behavior을 통해 드러난다.

예를 들어 질문에 대한 반응으로 시선을 피하거나 손을 자주 만지는 행동은 불안이나 긴장감을 내포하고 있는 것이며, 갑작스러운 침묵이나 말꼬리를 흐리는 행동은 내적 갈등이나 저항 또는 숨기고 싶은 감정의 신호일 수 있다.

따라서 표정, 제스처, 침묵의 길이, 말의 속도·억양·떨림 등 비언어적 신호는 언어로 표현되지 않은 사용자의 깊은 속내와 정서적 반응을 탐지하는 중요한 지표가 된다.

마지막으로 인터뷰 질문은 반드시 구체적이어야 한다. 포괄적 질문은 답변을 일반적이고 추상적으로 흐르게 만들어 주요 논점 도출을 어렵게 한다.

심층 인터뷰의 효과는 질문 설계에 달려 있다. 구체적인 상황, 시점, 사용자 맥락을 포함한 질문 구성은 사용자의 실제 경험과 행동, 감정이 자연스럽게 표출될 수 있는 환경을 조성하는 것이 중요하다. 이를 통해 더욱 선명하고 풍부한 사용자 정보를 이끌어낼 수 있다.

심층 인터뷰는 일반적으로 20~30명 내외의 참여자를 대상으로 조사하는 것이 이상적이다. 조사 대상자가 많아지더라도 사용자들의 응답 속에서 유사한 니즈가 반복적으로 나타나는 경향이 있기 때문이다. 연구에 따르면, 15~20명만으로도 사용자 경험의 주요 과제와 요구를 효과적으로 파악할 수 있다.

이와 관련해 그리핀과 하우저Griffin & Hauser는 1993년 《마케팅학 Marketing Science》에 발표한 「고객의 목소리The Voice of the Customer」에서, 약 20~30명의 고객을 대상으로 심층 인터뷰를 진행하면 전체 고객 니즈의 약 90%를 도출할 수 있다[24]고 보고했다.

이 연구는 고객 요구를 체계적으로 수집하고 분석하는 방법론을 제시하며, 비교적 소수의 참여자만으로도 대표성 있는 시사점을 확보할 수 있음을 입증한 사례로 널리 인용된다.

많은 제품과 서비스가 실패하는 가장 큰 이유는 사용자의 본질

◆ 행동심리학자 버허스 스키너(Burrhus F. Skinner)는 인간의 행동은 내면의 감정보다 환경과 자극에 대한 반응으로 나타나는 관찰 가능한 행위라고 보았다. 따라서 말보다도 행동 그 자체를 분석하는 것이 인간을 이해하는 더 실증적인 방법이 될 수 있다고 주장했다. 이 관점에서 보면, 인터뷰 대상자의 말보다 그 순간에 나타나는 미묘한 비언어적 반응이 오히려 더 신뢰할 수 있는 단서일 수 있다. 또한 폴 에크만(Paul Ekman)은 인간의 감정은 무의식적인 표정과 미세한 근육의 움직임을 통해 드러난다고 하며, 이를 '미세표정(microexpression)'이라는 개념으로 설명했다. 그는 사람들이 감정을 감추려 할 때도 순간적으로 얼굴이나 목소리에 진짜 감정이 드러날 수 있다고 보았다. 가령 겉으로는 웃고 있어도 눈가의 긴장, 목소리의 떨림, 잠깐의 침묵 등이 감추어진 불안이나 저항감을 드러내는 신호일 수 있다.

적인 문제를 정확히 파악하지 못했기 때문이다. 특히 사용자가 말로 표현하는 니즈는 전체 욕구의 일부에 불과하며, 대부분의 진짜 니즈는 무의식 깊숙한 곳에 억제되어 있거나 심저에 가려져 있어 이를 밝혀내려는 노력이 더욱 중요해지고 있다.

이러한 배경에서 사용자에게 질문만 던지는 방식은 분명 한계가 있다. 사용자의 행동을 관찰하고, 사용자 입장에서 그들의 삶에 공감하며 감정과 동기를 해석하려는 다각적 접근이 뒷받침되어야 한다.

바로 이러한 관점에 기반한 탐색 방법론인 디자인리서치는 빙산 이론Iceberg Theory에 따라 수면 아래 감추어진 사용자의 동기, 맥락, 감정, 심리적 장벽 등을 발견하는 데 집중한다. 이를 통해 사용자의 동기Why, 행동 방식How, 감정적 반응과 평가Evaluation를 입체적으로 분석할 수 있다.

디자인리서치는 사용자의 세계 안으로 들어가 그들과 함께 느끼고 해석하며, 내재된 근본 문제와 가능성을 발견하려는 공감 기반의 탐색이라고 할 수 있다.

로컬 투어 서비스 사파리 예시

여행 콘셉트: 긴 연휴에 먼 지역(전남) 여행
여행 일정: 5/2(금) ~ 5/4(일) 2박3일
여행자 2인

여정	PRE		DURING 5/2 금 * 1일차 전남 강진						
	여행지 계획	숙소 예약	강진 도착 및 음식점 찾기	저녁 식사 재물색	ㅅㅅ식당	식사 후 주변 탐색	병영만 축제	숙소 (ㄷㅎㅅㅊ민박)	
이슈	긴 연휴라 평소 멀리 가기 어려웠던 지역으로 여행을 하기로 함. 친구가 전남지역 추천, 동행인이 ㄷ민박집에 다시 가면 좋겠다고 해서 전남 강진-보성-순천을 여행하기로 함.	O사이트에서 ㄷ민박 1박 예약. 추가 예약 위해 강진-보성-순천 숙소 찾았지만, 맘에 드는 곳 발견 못함(긴 연휴라서 숙소 예약 어려움). 취소 표가 나오기를 기대하고 수시로 찾아봤으나 방은못구하고 시간만 날림 (지역 숙소 예약 대기 시스템 있었으면…) 고민 끝에 '현지에 가면 설마 방이 있겠지…' 생각하고 그냥 출발하기로 함.	네이버 지도로 저녁 식사 장소 물색. 평가 좋은 강진 사찰음식점 'ㄷㅂ' 찜하고 바로 이동. 오늘, 내일 예약 모두 매진 안내 받음.(기계적인 대응 느낌) 안내 직원이 급히 돌아와 내일 취소 생겨 점심 예약 가능하다고 해서 바로 예약.	동행인과 지인이 추천한 식당 가기로 함(좀 멀지만, 믿을 수 있어) 동행자가 식당에 대해 소개. 자리잡고 앉아 있으면 상을 차려 상째로 가져온다고 함. 네이버에서 식당 이미지 찾아봄. 지역의 독특한 재료와 요리 원했지만, 그냥 평범한 불고기에 반찬 많이 차린 한식이어서 기대감 별로 없음.	오래된 시골 골방인 정갈 있는 맛집 느낌. 방에 테이블 없이 방석만 있어 약간 당황. 상을 차려온다는 말이 실감. 방에서 다리 뻗고 여유공간을 생각함. 곧 젊은 남자 두 명이 상을 통째로 들고 들어옴. 지역의 독특한 재료와 요리 원했지만, 음식은 기대 대비 맛있음. 연탄불고기가 아주 맛있고 홍어 몇 점과 다양한 반찬이 모두 맛있어서 만족도 상승.	다른 손님들이 축제 이야기 듣고 축제장 찾아보았음. 거리 축제분위기가 없고 배너나 현수막도 보이지 않아 축제장이 다른 곳일 거라 생각함. 주변을 두리번거리며 이동 중 골목 사이로 조명 보임. 차를 돌려 가보니 축제장 입구였음. 약간 재밌음. 축제장 입구 에어간판과 홍보물이 눈에 띄지 않음. 입구 안내원들은 우리가 기웃거려도 관심 보이지 않고, 축제장인지 물어보니, 그제서야 안내해 줌.	병영(전통)시장 내 축제장에서 지역 맥주 (하멜촌맥주) 시식 코너 발견했으나 시간 종료로 아쉬움.지역 대표 음식인 돼지고기 숯불구이와 안주 등 사먹을 수 있음. (하멜촌맥주와 수제팝콘 구매) 축제는 지역민 대상인 듯 소박한 분위기. 하멜촌맥주 스토리 궁금해 스태프에게 물었으나 모르겠다고 해서 아쉬움. 주차장 이동 중, 거리 담벼락에 붙은 전라병영성 축제 기원과 하멜 스토리 발견. 축제장에서 이 스토리가 알았다면 하멜촌맥주 더 매력적으로 느껴졌을 텐데… 안타까움.	숙소 도착. 정원이 예쁜 집인 줄 알았는데, 꽃, 식물보다 수석 중심이라 약간 실망. 70~80년 전 시아버지가 직접 지었다는 한옥 이야기와 우리가 묵을 방이 안주인의 신혼생활 공간이었다고 소개해, 더 의미 있는 느낌. 집은 오래된 한옥을 일부 개조했으나, 최소한의 기능만 갖춰놓은 수준. (특히 화장실은 겨울에 덜덜덜~, 주인장이 검약하신 듯.) 이부자리 깨끗한 것으로 위안. 동행자에게 재방문 이유 물으니, 예전에 이틀 머물며 주인과 친해졌고, 남성들은 잠자리, 샤워 등 일상 생활에 예민하지 않아서…	
사진									

	5/3 토 * 2일차				보성	낙안읍성		5/4 일 * 3일차 순천
	다산초당에 오르기	다산초당 둘러보기	대흥사 방문	사찰음식전문 'ㄷㅂ'	보성녹차밭으로 이동	낙안읍성 탐방	낙안읍 숙소 찾기	순천만 국가정원 회차
	다산초당은 두 번 왔었음. 올라가는 길 오른쪽 가드레일은 나무로 되어 있어, 조용하고 소박한 다산초당과 잘 어울림. 반면에 (최근 설치된 듯한) 왼쪽 새 가드레일은 쇠파이프에 흰색 밧줄로 되어 있어 눈에 약간 거슬림. 최악은 화장실. 벽돌건물에 유리문, 특히 빨간색 철판 박공이 눈에 거슬림. 소박한 다산초당 가치가 떨어지는 느낌.	다산초당 현판. 추사 김정희의 글씨를 집자해서 만들었다는데... 현판 스토리를 어딘가에 소개해 주었으면 좋겠다. 보성신방과 천일각을 둘러보고 내려오면서, 다산초당에 와서 다산의 정신을 한 줄도 보고 간다는 점이 많이 아쉬움(박물관이 별도로 있지만, 시간적 여유가 없는 사람을 위해 다산초당 주변에 다산의 정신을 보여주었더라면 하는 아쉬움).	강진의 대표 사찰 대흥사 방문. 새로 짓는 대웅전은 가장 높은 곳에 위치해, 마지막 계단에 올라서면 대웅전의 용마루가 보여, 순간 감탄사가 나오고 저절로 겸허해짐. 일본 건축가 안도 다다오의 '부처의 언덕' 작품이 살짝 오버랩되면서 좋은 경험을 주는 사찰로 기억될 듯.	어제 예약한 사찰음식점으로 이동. 사찰음식의 맛과 비주얼 떠올리며 기대 만빵. 비가 부슬부슬 내리는 한옥건물이 운치 있고, 따뜻한 엽차를 마시며 기대감 더 상승. 그러나 일반 한정식집 요리 같이 매우 실망. 특히 개인 밥상(일식 차부다이)은, 분식집의 플라스틱 쟁반(오엔)에 밥과 반찬을 성의 없이 대충 담아서 너무 실망해서 입맛이 떨어짐. 기존에 정성으로 가득한 사찰음식을 경험했던 나에게 충격이었음. 심지어 오미자차(후식)를 쟁반 한구석에 탁! 놓고 가는 모습에 황망해짐 (마이너스 별점을 주고 싶음).	낙안읍성 가는 길에 보성녹차밭 근처에서 차를 마시기로 함. 보성녹차밭 주차장은 인산인해. 주차전쟁을 피해, 바로 옆 언덕의 'ㅂㅈ' 카페에서 말차를 즐기기로 변경. 거대한 규모의 카페에도 사람이 가득. (어버이날 연휴) 부모님과 함께 온 가족이 많음. 카페 맞은편의 지역특산물 그린마켓에도 호기심 상승. 입구에 TAX FREE 글씨가 크게 있었으나, 저렴할 것을 기대하지 않음(지역 특산품은 늘 비싼 경험). 그런데 웬걸! 녹차를 활용한 다양한 상품이 비교적 저렴. 신나게 쇼핑하고 기분 좋게 카페에서 말차와 커피 마심.	낙안읍성은 네이버 추천 여행지라 별 기대감 없이 방문. 관람권 발급창구 안내자 친절해서 기분 좋게 입장. 이색적인 초가지붕 풍경과 너른 잔디마당이 좋다. 특히 본래 거주자들이 그대로 살고 있어 생동감 있고 담 너머 옛날 집 구경하는 재미가 있다. 관광 안내는 주민들이 직접 하고 있으며 구역별로 순찰 근무한다고 함. 한옥 안내 주민 왈, 관광객 안내 외 관리도 병행해야 해서 힘들다고 함. "사방천지에 난 풀을 맨날 뽑아야하기" 주민이 직접 인절미 만드는 것도 구경하고 사먹음. 맛있지만 콩가루맛 약간 아쉬움. 전체적으로 좋은 여행 코스였음.	숙소 미예약으로, 민박집을 찾아다녔으나, 구하기 어려움. 민박집에 써 있는 전화번호는 011이 많은 데다가 전화해도 연락 안 되거나 안 받는 경우도 허다함. 집집마다 남은 방 있는지 써 줬으면 좋겠다고 생각함. 한 시간가량 헤맨 후 민박집 겨우 얻어놓고, 낙안읍성에서 지역 특산물 (꼬막)과 지역 막걸리를 먹음. 막걸리는 비싸고 맛있음(12,000), 꼬막정식은 특별할 게 없음. (메뉴 개발이 필요해 보임) 민박집ㅠ;;;;	순천만 국가정원 안내판이 나오면서부터 차가 막히기 시작. 급기야 동쪽, 서쪽 모든 주차장 만차. 우린 빨리 포기하고 근처에서 커피 한 잔 마시고 이동함.

3장 。 사회적 요구 탐색

로컬 투어 서비스 사파리 예시(맥락적 분석)

여행 콘셉트: 긴 연휴에 먼 지역(전남) 여행
여행 일정: 5/2(금) ~ 5/4(일) 2박3일
여행자 2인

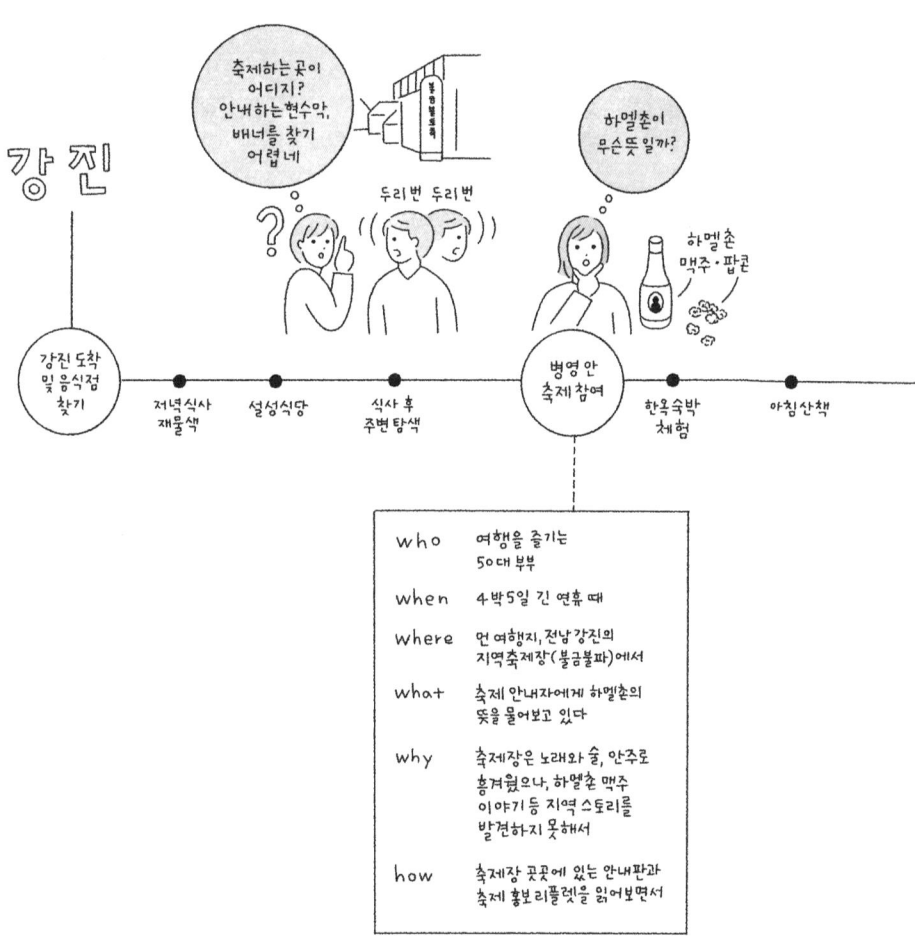

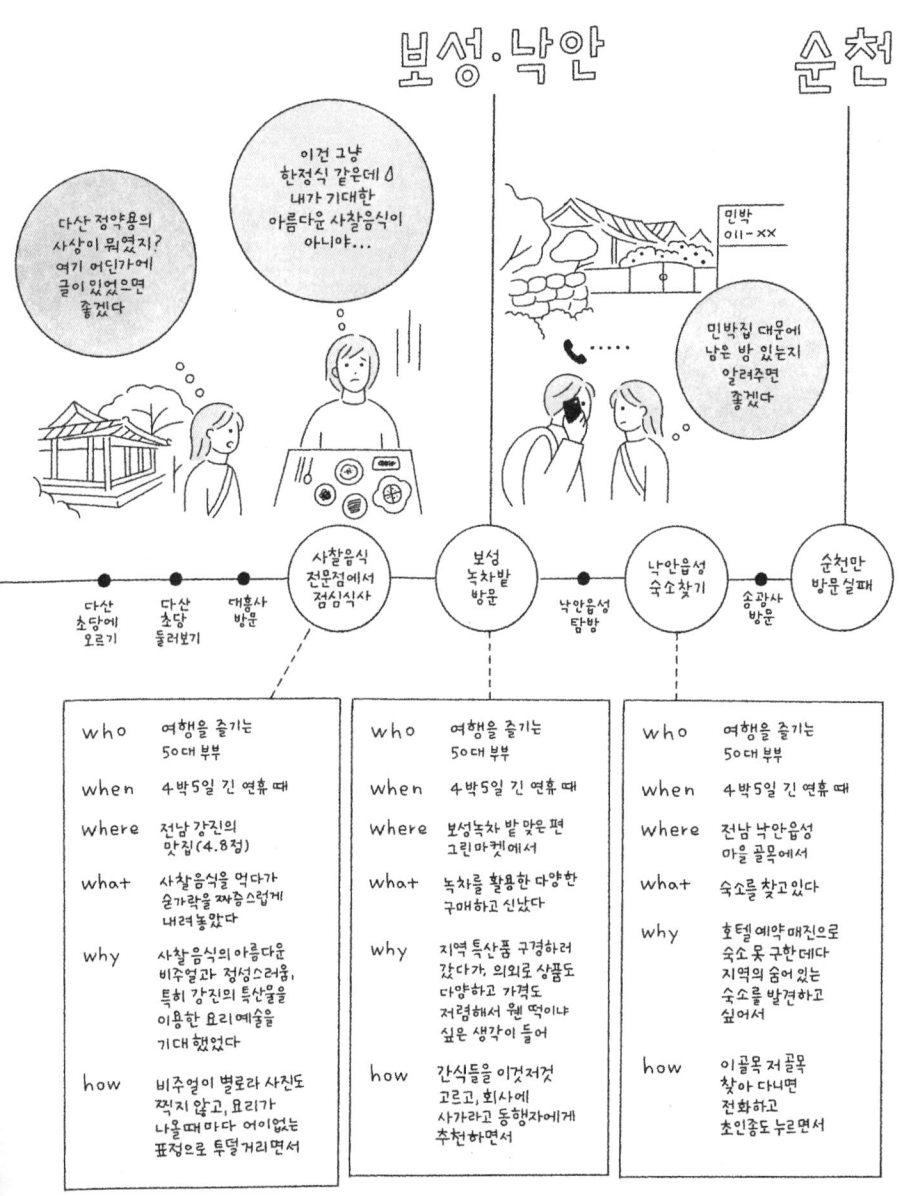

4. 니즈 매핑

앞서 우리는 디자인리서치 방법론을 통해 사용자의 일상 깊숙이 들어가 그들의 행동과 맥락을 이해하고 숨겨진 니즈를 발견하는 과정의 중요성을 살펴보았다. 이러한 탐구 태도는 사회과학, 특히 민족지학에서도 오래전부터 강조되어 왔다.

로버트 에머슨과 레이철 프레츠, 린다 쇼Robert M. Emerson, Rachel I. Fretz, & Linda L. Shaw는 저서『민족지학적 현장수첩 쓰기Writing Ethnographic Fieldnotes』제2판에서 민족지학 연구자가 현장 조사 중 관찰한 내용과 경험을 어떻게 기록하고 분석할지에 대한 구체적인 방법을 제시하고 있다.

이들은 현장에서 수집·기록한 관찰 내용, 대화, 생각 등을 기록하는 데 그치지 않고 적극적으로 분석하고 해석해야 한다고 강조한다. 특히 현장에서 즉석으로 작성된 메모는 조사 이후 보다 정교한 '현장수첩fieldnotes'으로 발전되며, 이 과정을 통해 반복되는 패턴과 문화적 의미를 발견하고 주제별로 정리해나갈 수 있다고 설명한다.

이러한 관점은 사용자 중심으로 질적 데이터 수집과 분석을 지향하는 디자인리서치에도 시사하는 바가 크다. 사용자의 삶을 이해하기 위해 수행하는 관찰하기, 되어보기, 심층 인터뷰 등은 모두 방대한 경험 기반 데이터를 생성하며, 이를 재구성하고 분석하는 과정을 통해 의미 있는 통찰을 발견해야 한다.

이러한 분석을 위해 '니즈 매핑Needs Mapping' 기법을 도입하고자 한다. 니즈 매핑은 사용자의 경험 요소들을 시각적이고 논리적인 방식으로 조직하고 배열함으로써 숨겨진 요구와 반복되는 문제의 패턴을 효과적으로 식별하도록 돕는다.

이 기법이 실제 프로젝트에서 어떻게 적용될 수 있는지, 구체적인 분석 도구와 사례를 통해 살펴보도록 하자.

AEIOU: 관찰 기록하기

AEIOUActivity, Environment, Interaction, Object, User는 사용자의 이용 행태를 체계적으로 기록·분석하기 위한 관찰 도구로, 복잡한 사용자 경험을 다섯 범주로 구조화해 정리하는 데 유용하다.

이 프레임워크는 다섯 가지 질문으로 구성된다. Activity(활동)—사용자는 무엇을 하고 있는가?, Environment(환경)—어떤 환경·공간에서 일어나는가?, Interaction(상호작용)—누구와, 혹은 어떤 사물·시스템과 상호작용하는가?, Object(사물)—어떤 도구·물건을 사용하는가?, User(사용자)—사용자와 이해관계자의 특징·역할·스타일은 무엇인가?

이러한 구조는 사용자의 행동뿐 아니라 그 행동이 이루어지는 맥락까지 함께 포착하여 사용자 경험을 다각도로 조망하게 한다.

앞서 다룬 서비스 사파리 기법과 AEIOU 프레임워크를 결합하면 현장에 깊이 몰입하면서도 관찰 내용을 빠짐없이 체계적으로 기록할 수 있다.

예를 들어 약시자를 위한 미술관 서비스를 분석하기 위해 서비스 사파리를 진행한다고 가정해보자. 약시자가 미술관 입구에서 안내 표지판을 찾는 상황을 그냥 기록하지 않고 AEIOU 프레임워크에 따라 관찰 내용을 구조화하면167쪽 참고 활동, 공간, 사용 도구, 상호작용 대상, 사용자 특성까지 종합적으로 이해할 수 있다. 이는 사용자 경험의 흐름을 더욱 전방위적으로 살펴보게 하며 단편적 행동 너머의 의미까지 읽어내게 한다.

AEIOU를 효과적으로 활용하기 위해서는 사용자의 "무엇을What 했는가?"만이 아니라 "어떻게How 행동했는가?"도 함께 기록하는 것도 중요하다. 관찰자는 사용자의 구체적인 몸짓, 표정, 말투, 긴장감, 망설임 혹은 주변을 둘러보는 시선처럼 비언어적 신호에도 주의를 기울여야 한다.

예를 들어 약시자를 관찰할 때 '줄을 섰다'고만 기록하기보다 '발을 동동 구르며 줄을 서 있다'고 묘사하면 사용자의 초조한 감정까지 함께 전달할 수 있어 더 깊은 공감과 이해가 가능해진다.

문제 상황을 기록할 때도 마찬가지다. 상황 자체와 함께 사용자가 문제를 어떻게 인식하고 어떤 방식으로 대응하는지 함께 적는다.

가령 '약시자가 안내 표지판을 보기 위해 가까이 다가간다'는 문장만으로는 단순한 관람 행동인지, 문제 상황인지를 판단하기 어렵다. 반면 '안내 표지판을 사진으로 찍은 후 휴대전화 화면을 확대해

약시자를 위한 미술관 서비스 AEIOU 예시

Activity
활동
	입구를 찾으려고 주변을
	살피는 모습

			• 입구를 찾기 위해 주변을
			  두리번거린다.
			• 안내 표지판에 가까이 다가가서
			  읽으려 한다.
			• 입구 주변을 천천히 걷는다.

Environment
환경
	입구 주변 환경 + 안내 표지판 +
	현장 지도

			• 입구 주변이 복잡하고 사람들이 많아
			  시야 확보가 어렵다.
			• 안내 표지판 글씨가 작고 눈에 잘
			  띄지 않는다.
			• 주변 조명이 흐릿해 대비가 낮다.

Interaction 상호작용	직원과 대화하는 모습 + 동행자와 상의하는 모습 		• 직원에게 입구 위치를 물어봄. • 동반자와 짧게 대화: "여기 맞는 것 같아?"
Object 사물/도구	안내판 + 종이 지도 		• 안내 표지판(흰색 배경에 작은 글씨) • 작은 사이즈의 종이 안내지도(글자가 작음)

User
사용자/관계자
	약시자 모습(입구 앞에서
	안내판에 바짝 다가가는 장면)

			• 약시자: 홍보물을 읽기 위해
			  발걸음을 좁히며 가까이 다가간다.
			• 동행자: 약시자가 문에 부딪히지
			  않도록 팔을 붙잡아 이끈다.

보고 있다'고 기록하면 약시자가 안내 표지판의 시인성 문제를 겪고 있으며 이를 극복하기 위해 어떤 방법을 사용하는지 드러난다. 이는 관찰자가 문제의 원인과 사용자의 니즈를 더 명확히 이해하도록 해준다.

관찰 과정에서 가장 중요한 것은 사실과 해석을 명확히 구분하는 태도다. '불편했을 것이다' 또는 '이 기능을 이해하지 못한 것 같다'와 같은 주관적 추정은 분석 단계에서 다루어야 할 부분이며, 관찰 단계에서는 사용자의 실제 행동과 상황을 있는 그대로 기록하는 것이 우선이다. 관찰자의 추측이나 해석이 개입될 경우 정보가 왜곡되고 분석의 신뢰도가 떨어질 수 있다. 따라서 관찰 단계에서는 가능한 한 객관적으로, 눈에 보이는 사실을 중심으로 기록하고 그 의미의 해석은 이후 분석 과정에서 수행해야 한다. 이러한 태도는 정확하고 신뢰할 수 있는 사용자 분석의 바탕이 된다.

맥락적 분석: 육하원칙에 따라 분석하기

사람의 행동과 선택은 개인의 의지나 취향만으로 설명될 수 없다. 누구나 자신이 처한 환경과 조건에 영향을 받으며, 이는 삶의 방식은 물론 학습, 소통, 정보 활용 방식에도 차이를 만들어낸다. 이를테면 경제적 여건에 따라 교육의 기회와 최신 기술에 대한 활용도가 달라지고 곧 정보에 대한 이해와 활용 능력의 격차로 이어질 수 있다. 마찬가지로 사회적·물리적 조건 역시 개인의 생활방식과 문화에 영향을 미치며 궁극적으로 그들의 기대감과 니즈 형성에도 직·간접적으로 관여한다.

사회학자 어빙 고프먼Erving Goffman은 대표 저서『자기 연출의 사회학The Presentation of Self in Everyday Life』(1959)에서 인간 행동의 사회적 성격을 설명했다. 그는 '사람은 타인이 자신을 어떻게 바라볼지를 상상하며, 그 기대에 부합하도록 자신을 연출한다'고 보았다.

고프먼은 일상 생활을 하나의 연극 무대에 비유해 개인은 특정한 사회적 맥락에서 '역할 수행자'로 행동한다고 주장한다. 즉 자아 표현은 자연스럽고 자발적으로 발현되는 행위라기보다는 사회적 기대에 부응하기 위해 의도적으로 관리·연출된 결과라는 것이다.

또 다른 사회학자 피에르 부르디외Pierre Bourdieu 역시 '아비투스habitus'라는 개념을 통해 인간의 행동과 인식이 개인의 선택만으로 설명되지 않으며 사회적 조건에 깊이 뿌리내리고 있음을 밝혔다. 아비투스는 개인이 자라온 환경, 교육, 문화, 경험 등에 의해 형성된 무의식적 인지 구조로서, 세계를 인식하고 사고하며 행동하는 방식에 지대한 영향을 미친다. 즉 사람들은 자신의 아비투스에 따라 현실을 해석하고 반응하며 이는 개별 선택의 차원을 벗어난 구조적 영향으로 이해할 수 있다.

이처럼 인간의 행동은 사회적 시선, 문화적 맥락, 그리고 자신이 속한 사회 구조적 조건들이 복합적으로 작용한 결과로 나타난다. 이는 사용자 경험 설계에도 중요한 교훈을 제공하며, 사용자의 행동에 함축된 무의식적 동기와 가치관, 사회·문화적 배경까지 함께 반영해야 한다는 사실을 내포한다. 따라서 사용자가 놓인 물리적 환경, 사회적 분위기, 문화적 기대와 같은 삶의 맥락을 종합적으로 이해할 때 비로소 공감 가능한 사용자 중심 설계를 구현할 수 있다.

예를 들어 마사이족 여성의 얼굴 사진을 살펴보자. 자세히 들여다보면 얼굴 여기저기 파리가 붙어 있는 모습을 볼 수 있다. 많은 이들은 이 파리 떼를 불결하다며 인상을 찡그릴지 모르지만 이 여성은 파리 떼를 쫓지 않는다. 이는 마사이족의 문화적 맥락과 깊이 관련되어 있다. 마사이족 사회에서 얼굴에 파리가 모인다는 것은 가축을 많이 소유하고 있다는 뜻으로, 이는 곧 부의 상징으로 여겨진다. 유목 생활을 하며 가축을 중심으로 살아가는 그들의 삶의 맥락에서 사람과 가축 주변에 파리가 모이는 모습은 흔히 관찰된다. 따라서 이를 일률적으로 '불편'으로만 해석하기보다 해당 사회의 일상 조건과 가치 체계 속에서 읽어야 한다.

이 사례는 동일한 상황이라도 개인이 처한 사회적·문화적 맥락에 따라 전혀 다른 행동이 나타날 수 있음을 단적으로 보여준다. 그렇기 때문에 우리는 사용자나 타인의 행동을 이해하려 할 때, 그들이 놓인 맥락을 반드시 염두에 두어야 한다. 맥락은 다만 "무엇을 What 했는가?"의 기술을 바탕으로 "왜Why 그런 행동을 했는가?", 즉 행동의 이유와 의미, 배경을 파악하도록 이끈다.

사용자의 맥락을 탐색하는 방법 중 하나가 바로 '맥락적 분석 Contextual Inquiry'이다. 맥락적 분석은 사용자의 실제 환경에서 그들의 행동을 직접 관찰하고, 그 과정에서 드러나는 의미와 배경을 심층적으로 이해하려는 질적 접근이다.

마사이족 여인 얼굴에 붙은 파리.
왜 떼지 않을까?
출처: 마사이족에게 파리가 의미하는 것 © Maria Michalinos

『PDMA 신제품 개발 핸드북』에서는 현지 관찰 기반의 질적 조사 방법이 민족지학을 응용한 사회과학적 시장조사로 소개한다. 이는 서비스 사파리와 마찬가지로 사용자 중심의 실제 맥락을 중시하며 기존의 실험실 기반 조사나 설문 중심 방식과 뚜렷이 구별된다.

　맥락적 분석의 핵심은 사용자의 생각을 직접적으로 묻는 대신, "왜 그렇게 사용할까?", "행동의 목적은 무엇일까?", "어떤 생각을 가지고 선택했을까?"와 같은 공감적 질문을 통해 사용자의 행동에 내재된 동기와 의미를 유추하는 데 있다. 관찰과 인터뷰를 병행하면 사용자 자료를 더욱 풍부하게 파악할 수 있지만 사용자의 자연스러운 행동을 방해하지 않도록 지나친 질문이나 간섭은 자제해야 한다.

　맥락적 분석을 통해 수집한 사용자 데이터를 체계적으로 해석하고 의미 있는 발견을 하려면 육하원칙5W1H의 활용을 추천한다. 5W1H는 복잡한 사용자 맥락을 구조화하고 관찰된 정보를 일목요연하게 시각화해 직관적 통찰을 얻는 데 효과적이다.

　육하원칙은 스탠퍼드 디스쿨과 디자인씽킹의 공감 단계에서 활용하는 도구로, 사용자 맥락을 여섯 가지 요소Who, When, Where, What, How, Why로 분류하면 사용자 행동을 보다 명확히 이해할 수 있다. 이 가운데 '누가Who', '언제When', '어디서Where', '무엇을What', '어떻게How'에 해당하는 정보는 주로 현장 관찰로 확인된다. 특히 '어떻게How'는 사용자의 구체적 행위 방식을 보여주기 때문에 불편을 겪는 지점이나 암묵적 니즈를 발굴하는 실마리를 제공한다. 마지막으로 '왜Why'는 가장 핵심적인 탐색 항목으로 사용자의 행동을 유발하는 내적 동기, 기대, 목적을 탐지하도록 돕고 사용자의 근본적 요구와 가치를 밝히는 데 기여한다.[25]

　맥락적 분석은 최종 사용자의 경험에만 국한되지 않는다. 이 방법은 사용자를 둘러싼 이해관계자들stakeholders의 상황과 맥락까지 모두 탐색할 수 있어, 제품·서비스가 작동하는 조직적·시스템 환경 전체를 진단할 수 있다. 특히 국가, 공공기관, 대규모 조직, 기업 등에서 프로젝트 초기 단계에 실시하면 다양한 이해관계자의 이슈와 제약, 기대를 미리 파악할 수 있다. 그리하여 불필요한 비용과 시간을 줄이고 실행 과정에서 발생할 수 있는 마찰을 최소화하여, 보다 현실적이고 실행 가능한 해결책으로 이어질 가능성을 높여준다.

최근에는 빅데이터 기반의 정량적 조사 방법이 각광받으면서 정성적 방법의 가치가 상대적으로 축소되는 흐름도 나타나고 있다. 그러나 여러 연구에 따르면, 심층 인터뷰나 맥락적 관찰 같은 정성적 방법만으로도 고객 니즈의 상당 부분을 효과적으로 파악할 수 있다는 사실이 입증되었다.

사실상 사용자 요구가 일정 수준에 도달하면, 새로운 니즈가 추가로 나타날 가능성은 급격히 낮아지는 경향이 확인된다. 이러한 점을 감안할 때 적절히 설계된 소규모의 정성적 연구 역시 사용자 니즈 도출에 있어 충분한 신뢰성과 타당성을 갖춘 방법론으로 평가받을 수 있다.

고객여정지도와 페르소나: 사용자 경험 파악하기

고객여정지도Customer Journey Map는 사용자가 하나의 제품·서비스를 처음 인지하는 순간부터 이용을 마친 이후까지의 전 과정을 시간의 흐름에 따라 시각화하는 도구이다. 이는 사용자의 단계별 행위와 함께 '무엇을 느끼고, 어떤 문제를 겪으며, 어떤 기대를 갖는지'를 홀몸 노인 문제는 상황과 맥락에 따라 예기치 않은 양상으로 드러날 수 있다.
아래의 사례는 시골 마을에 거주하는 홀몸 노인이라면 누구에게나 일어날 수 있는 문제를 보여주며, 맥락적 분석을 통해 이들이 처한 현실을 구체적으로 이해하고 공감하게 한다. 이처럼 특정 주제를 중심으로 사용자 상황(Scene)을 대표적 상황, 예외적 상황, 자주 발생하는 상황 등으로 나누어 분석할 수 있다. 이러한 과정을 통해 사용자가 겪는 핵심 문제와 행동 배후의 동기를 더 선명하게 파악할 수 있다.

누가(Who)	이 행동을 하는 사용자는 누구인가? 어떤 특성을 지니고 있는가?
언제(When)	이 행동은 어느 시간대, 어떤 상황에서 발생하는가?
어디서(Where)	사용이 이루어지는 장소는 어떤 특성을 지니는가?
무엇을(What)	사용자는 어떤 작업을 하고 있으며, 어떤 도구나 제품을 어떻게 사용하는가?
어떻게(How)	사용자는 어떤 절차나 순서를 통해 해당 작업을 수행하는가? 그 과정에서 겪는 어려움은 무엇인가?
왜(Why)	사용자는 왜 이와 같은 방식으로 행동하는가? 그 행동의 목적, 동기, 제약은 무엇인가?

	맥락적 분석 사례 ①	맥락적 분석 사례 ②
누가	장애로 거동이 불편한 80대 여성 노인	80대 남성 노인
언제	아파서 병원에 가고 싶을 때	새벽에 화장실을 다녀올 때
어디서	버스 배차가 1시간 간격인 시골 마을의 노인의 집	외딴 시골 마을 구옥 주택의 화장실에서
무엇을	안방의 이부자리에 누워 꼼짝도 못하고 끙끙 앓고 있다	발을 헛디뎌 화장실 바닥에 넘어진 채, 한 시간째 쓰러져 있다
어떻게	머리가 아프고 어지러워 일어나지 못한 채	통증과 추위로 고통스럽지만 일어날 수가 없어서 울먹거림
왜	연락할 사람도 없고, 주변에 신세지는 것이 싫어서 도움을 요청하지 않음	전화기가 화장실 밖에 있어서 긴급 연락을 할 방법이 없음

3장 ◦ 사회적 요구 탐색

종합적으로 보여준다. 따라서 사용자를 이해하려면 우선적으로 검토할 과정이라고 할 수 있다.

고객여정지도에서 가장 중요한 가치는 세 가지로 요약된다. 첫째는 고객이 실제로 어떤 경로를 따라 제품·서비스를 인지하고 사용하는지를 보여주는 '고객·여정Customer Journey', 둘째는 그 여정의 각 단계에서 사용자가 제품·서비스와 상호작용하는 순간인 '고객 접점touchpoint', 셋째는 각 접점에서 사용자가 느끼는 감정과 만족도의 변화를 나타내는 '고객 만족도'이다. 이 세 요소를 연결하면 전체 서비스 경험 중 어느 지점에서 사용자가 불편을 느끼고, 좌절하거나 이탈하게 되는지를 식별할 수 있다.

사용자는 하나의 서비스를 단발적으로 경험하지 않는다. 사용 이전부터 사용 중, 사용 이후에 이르기까지 모든 과정이 연속적으로 연결되어 있다. 따라서 사용자가 가장 화나는 순간, 혹은 무언가 기대했지만 실망하게 되는 지점을 짚어내고, 해당 지점을 개선하기 위한 솔루션을 개발하는 것이 이 방법론의 목적이라고 할 수 있다.

고객여정지도를 매핑하기 위해서는 먼저 서비스를 경험하게 될 대표 사용자를 설정한다. 이때 흔히 사용하는 방식이 '페르소나Persona' 모델링이다. 페르소나는 특정 고객 유형을 대표하는 가상의 인물로 이름, 연령, 직업, 라이프스타일뿐 아니라, 해당 제품·서비스 관련한 행동 목표, 평소의 불만 사항과 니즈 등을 구체화해 사용자에 대한 이해를 높인다.

구체화된 페르소나는 서비스 여정의 흐름을 사용자의 관점에서 추적하고 문제를 분석할 수 있는 실질적 틀을 제공한다. 이는 곧 고객 중심의 서비스 개선 전략을 수립하는 데 중요한 역할을 한다.

페르소나는 서비스와 사용자 사이의 주요 접점을 중심으로 여

페르소나

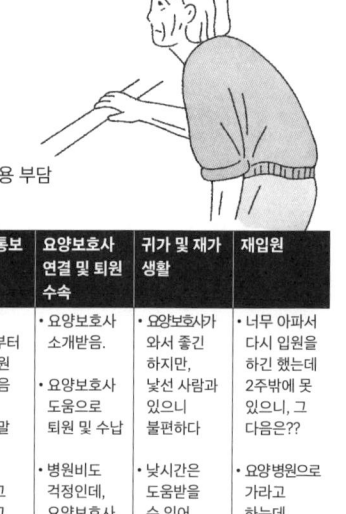

이름: 김순임(가명)
나이·성별: 83세·여성
거주지: 지방의 중소도시
가구 형태: 홀몸 노인
상황: 고관절 골절로 수술 후 퇴원을 앞둔 상태
주요 관심사: 일상생활 유지 가능 여부, 퇴원 후 생활 및 비용 부담

고객 여정	퇴원 예고 통보	보호자 면담	퇴원 거부 시도	퇴원 재통보	요양보호사 연결 및 퇴원 수속	귀가 및 재가 생활	재입원
이슈	• 병원에서 퇴원 일정 전달 받음 • 거동도 불편한데 벌써 나가라고? • 몸 상태가 회복되지 않아 불안	• 병원에서 보호자에게 퇴원 설명 • 보호자가 퇴원 연기 요청	• 아직 완치가 안 되어 퇴원하기 무섭다 • 집에 가면 혼자 있어야 하는데 일상생활도 걱정되고, 아프면 어떻게 해?!! • 조금만 더 나을 때까지 버틸 거야!	• 병원 측으로부터 재차 퇴원 통보 받음 • 이젠 정말 나가야 하는데 걱정되고 불안하고 내 신세가 처량하고 슬프다	• 요양보호사 소개받음. • 요양보호사 도움으로 퇴원 및 수납 • 병원비도 걱정인데, 요양보호사 비용도 걱정 • 요양보호사한테 무슨 도움을 받을 수 있는지, 비용은 얼마인지 안내를 받고 싶다	• 요양보호사 와서 좋긴 하지만, 낯선 사람과 있으니 불편하다 • 낮시간은 도움받을 수 있어 안심이지만, 저녁이나 새벽에 아프면 어떡하지? • 혼자 화장실 가는 것도 너무 힘들고, 넘어질까 걱정도 되고…	• 너무 아파서 다시 입원을 하긴 했는데 2주밖에 못 있으니, 그 다음은?? • 요양병원으로 가라고 하는데 거기는 재활치료가 어렵다고 하던데… • 요양 병원 말고 다른 데 없나…
ZoT (기대 수준 대비 만족도)	😐 🙂 😑 ☹️ 😠	😐 🙂 😑 ☹️ 😠	🙂 🙂 😑 ☹️ 😠	😐 🙂 😑 ☹️ 😠	🙂 🙂 😑 ☹️ 😠	😐 🙂 😑 ☹️ 😠	😐 🙂 😑 ☹️ 😠

정의 흐름을 단계별로 정리하는 방식으로 활용한다. 각 단계에서는 사용자가 겪는 불편 사항이나 잠재적 니즈 같은 이슈를 도출하고 이를 바탕으로 서비스 전반의 감정 변화를 함께 분석한다.

이때 감정 변화를 시각화하는 데 사용하는 도구가 '감정 곡선 Emotion Curve'이다. 감정 곡선은 사용자가 여정의 각 단계에서 느끼는 만족도나 감정 상태의 흐름을 그래프로 나타내어 감정선이 현저히 떨어지는 지점을 직관적으로 보여준다. 이처럼 감정 곡선이 급격히 떨어지는 구간은 사용자가 큰 불만이나 좌절을 경험하는 시점으로, 서비스 개선의 우선순위를 결정하는 중요한 기준이 된다.

사람들은 어떤 제품이나 서비스를 이용하기 전에 자신만의 기대감을 형성하며, 이용 후에는 실제 경험을 토대로 그 기대가 얼마나 충족되었는지를 평가한다. 이때 만족도는 기대와 실제 경험 간의 일치 여부에 따라 달라지며, 이는 기대-불일치 이론 Expectation-Disconfirmation Theory: ECT으로 설명할 수 있다.

이 이론은 1980년 리처드 L. 올리버 Richard L. Oliver가 「만족 결정의 선행 요인과 결과에 대한 인지적 모형 A Cognitive Model of the Antecedents and Consequences of Satisfaction Decisions」이라는 논문에서 정식화했다.

이 이론에 따르면 사용자는 기대감을 기준으로 경험을 평가하며, 기대에 일치 confirmation하면 '보통의 만족'을 느끼고, 기대보다 더 나은 경험을 했을 경우에는 '긍정적 불일치 positive disconfirmation'로 간주되어 높은 만족도를 보이게 된다. 반대로 기대에 미치지 못하는 경험은 '부정적 불일치 negative disconfirmation'로 해석되며 이로 인해 불만족이 발생한다.

하지만 기대와 경험 간의 차이가 항상 명확히 긍정적이거나 부정적으로만 귀결되는 것은 아니다. 사용자는 어느 정도의 오차를

고객 여정의 단계별 문제 유형화 예시

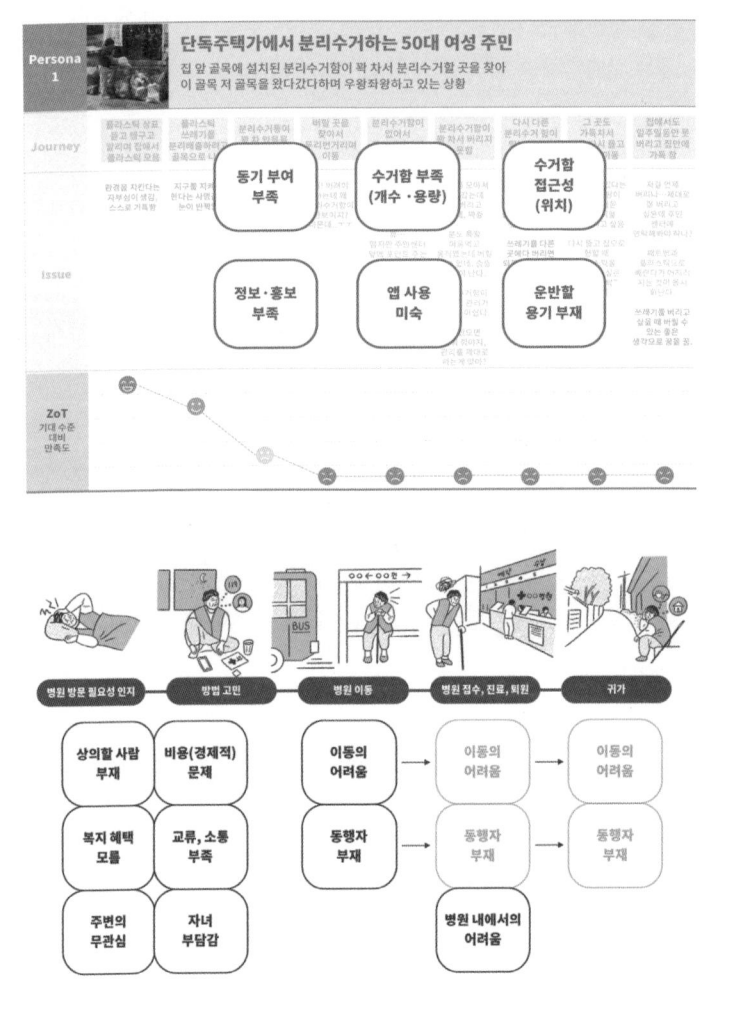

고객 여정에서 발생한 이슈를 유사한 성격이나 개념끼리 분류한 뒤, 간단한 문장이나 키워드로 요약하면 단계별 문제를 정의하고 이해하는 데 유용하다.

허용할 수 있으며 이를 설명하는 개념이 바로 '고객 허용 범위Zone of Tolerance: ZoT'이다.

　ZoT는 사용자가 기대에 다소 못 미쳐도 수용 가능한 여유를 갖고 있다는 점을 전제로 한다. 이 범위 내에 있는 경험에 대해서는 사용자가 강한 불만을 느끼지 않으며, 다소의 기대 불일치가 있더라도 전반적인 만족도나 재구매 의향은 유지될 수 있다.

　따라서 고객여정지도에서는 먼저 고객 허용 범위를 벗어난 지점을 판별하고, 이를 최소한 ZoT 수준 이상으로 끌어올리는 개선안을 설계해야 한다. 그래야만 고객 이탈을 방지하고 긍정적 사용자 경험을 유지할 수 있다.

　한편 고객 여정을 분석하는 과정에서 방대한 양의 사용자 정보가 축적될 수 있다. 그러나 이러한 정보가 체계 없이 나열된 상태로 존재하면 유사한 속성이나 반복되는 개념들이 뒤섞여 핵심 문제를 선별하기 어렵다.

　이처럼 복잡한 정보를 효과적으로 관리하기 위해서 데이터를 간결하고 직관적으로 분류하는 '유형화grouping' 작업이 필요하다. 유형화는 방대한 정보를 비슷한 개념끼리 묶고, 항목 간 연관성을 시각적으로 정리해 핵심 이슈를 명확히 하는 데 효과적이다.

　무엇보다 반복되는 패턴 속에서 의미 있는 공통점을 찾아내고 핵심 문제에 대한 공감대를 형성함으로써 프로젝트 참여자와 클라이언트, 이해관계자 간의 커뮤니케이션과 합의 형성이 가능해지며 다음 단계로의 진행을 효과적으로 촉진한다.

전 생애주기별 문제 분석과 유형화 예시: 보조기기 시스템 구축

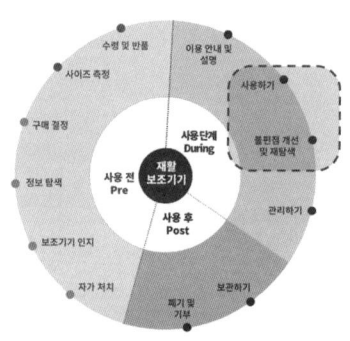

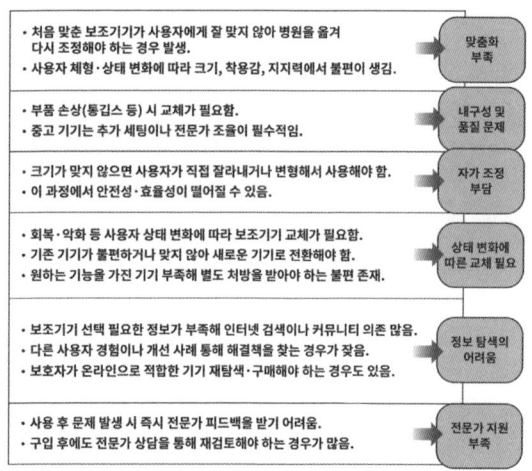

사용 전·사용 중·사용 후를 포함한 전 생애주기 분석은 제품·서비스가 기획, 제작, 유통, 사용, 폐기 등 전 과정에서 어떠한 영향을 미치고 어떤 문제를 발생시키는지를 종합적으로 살펴보는 접근이다. 이러한 관점에서 전 생애주기 전 단계에서 드러나는 문제점을 체계적으로 정의하고 이를 유형화함으로써, 실제 이용 과정에서의 불편은 물론 보다 근본적인 개선 방향까지 도출할 수 있다.

나는 똑똑한 것이 아니라
단지 문제를 더 오래 붙잡고 있었을 뿐이다.
우리가 맞닥뜨린 중요한 문제들은,
그것을 만들어냈을 때와 같은 수준의 사고로는 풀리지 않는다.
가장 중요한 것은 질문을 멈추지 않는 것이다.
호기심은 그 자체로 존재 이유를 가진다.

알버트 아인슈타인(Albert Einstein, 이론물리학자)

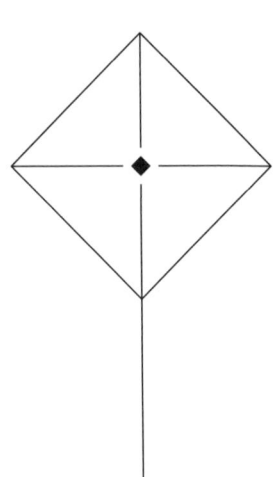

4장
사회적 디자인
Social Design

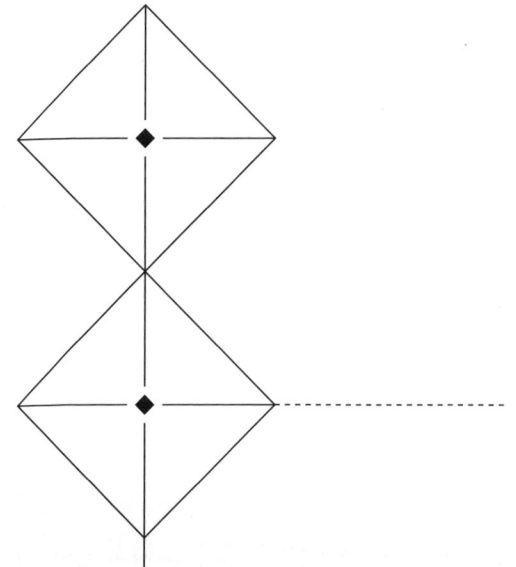

1. 아이디어 발산

이제 고통스럽고 지루했던 문제 파헤치기 단계를 지나, 본격적으로 문제 해결을 위한 아이디어를 펼칠 차례다. 공동 창조 워크숍co-creation workshop에서 이 단계가 참여자들이 가장 활기차고 즐겁게 몰입하는 시간이기도 하다.

아이디어 발산은 보통 5~7명 내외의 소그룹이 집단지성을 발휘할 때 가장 효율적이며 창의적인 의견을 이끌어내기에 적합하다. 이를 더욱 효과적으로 만들기 위해서는 참여자들이 부담 없이 자신의 생각과 의견을 표현할 수 있는 분위기 조성이 필요하다. 또한 창의성을 자극하고 몰입도를 높이기 위해 포스트잇, 타이머, 간식 등을 활용하는 것도 좋은 방법이다.

아이디어를 발산하는 방법은 여러 가지가 있다. 대표적으로 제한된 시간 내에 다양한 생각을 자유롭게 쏟아내는 브레인스토밍brainstorming, 중심 주제에서 관련 개념을 방사형으로 확장해나가는 마인드 매핑mind mapping, 기존의 아이디어를 변형·발전시키는 일곱 가지 응용법인 스캠퍼SCAMPER◆기법이 있다.

또한 서로 다른 사고 유형을 상징하는 여섯 가지 색깔의 모자를 번갈아 쓰며 여러 관점에서 문제를 분석하는 '6개의 생각모자Six Thinking Hats■' 기법, 무작위로 선택된 단어를 문제 해결과 연관시켜 강제로 발상하게 하는 '랜덤 워드Random Word' 기법도 자주 활용된다.

이 중 가장 널리 알려지고 폭넓게 사용되는 기법은 '브레인스토밍Brainstorming'이다. 이는 짧은 시간 안에 다수의 아이디어를 끌어내기 위해 고안된 방법이다.

브레인스토밍에서 중시하는 원칙은 '모든 의견은 가치가 있다'는 전제로, 타인의 의견을 평가하거나 비판하지 않고 판단을 유보하는 것이다. 특히 틀렸다거나 이상해 보이는 의견, 주제에서 벗어난 말, 혼란을 주는 발언, 심지어 바보 같아 보이는 아이디어조차 존중하는 태도이다. 참여자들이 자신의 의견이 충분히 존중받고 있다고 느낄 때 자기검열이나 억압 없이 훨씬 더 자유롭고 창의적으로 아이디어를 발산할 수 있다.

이런 분위기를 유지하기 위해서는 몇 가지 기본 규칙이 권장된다. 브레인스토밍 기법을 고안한 알렉스 오스본Alex F. Osborn◆은 비판

- 스캠퍼(SCAMPER) 기법은 기존의 아이디어나 제품을 대체(Substitute), 결합(Combine), 적용(Adapt), 수정(Modify), 다른 용도로 활용(Put to other uses), 제거(Eliminate), 재배열(Reverse)하는 일곱 가지 방식으로 변형하여 새로운 아이디어를 도출하는 창의적 사고 기법이다.
■ 6개의 생각모자 기법은 다양한 관점에서 사고함으로써 아이디어를 도출한다. 흰색(객관적 정보와 데이터 중시), 빨간색(감정와 감정 표현), 검은색(주의와 위험 요소 고려), 노랑색(이익과 희망), 초록색(새롭고 창의적 아이디어 탐색), 파란색(사고의 계획과 통제)로 구성된다.
◆ 알렉스 오스본(Alex Faickney Osborn)은 20세기 초 미국의 광고인이자 창의적 사고 분야의 선구자였다. 그는 창의적 문제 해결을 위한 집단 사고 기법으로 브레인스토밍을 개발했으며, 이를 1953년 저서 『응용 상상력(Applied Imagination)』을 통해 널리 소개했다. 오스본은 사람들이 비판 없이 아이디어를 자유롭게 제시할 수 있는 환경이 창의성을 자극한다고 보았고, 이러한 원칙을 바탕으로 브레인스토밍의 핵심 규칙들을 정립했다. 오늘날 브레인스토밍은 다양한 분야에서 활용되는 대표적인 아이디어 발산 기법으로 자리잡았다.

을 미루고 자유로운 아이디어를 독려했다. 그는 아이디어의 양을 우선시하고 아이디어를 서로 결합·확장하는 방식의 창의적 사고 규칙을 제시했다. 이 규칙들은 샘 케이너와 레니 린드Sam Kaner & Lenny Lind가 저술하고 구기옥이 번역한 『민주적 결정 방법론Facilitator's Guide to Participatory Decision-Making』에 상세히 소개되어 있다.

또한 창의적 사고 및 문제 해결 분야의 전문가인 아서 밴건디Arthur B. VanGundy는 오스본의 원칙을 기초로 브레인스토밍에서 반드시 지켜야 할 네 가지 규칙을 정리했다. 그 내용은 타인의 의견에 대한 비판 금지Defer judgement, 자유분방한 의견 촉진Encourage wild ideas, 질보다 양 중시Quantity over quality, 그리고 타인의 아이디어에 덧대는 결합과 개선Combine and improve ideas이다.

네 가지 규칙은 단순해 보이지만 워크숍 현장에서는 제대로 지켜지지 않는 경우가 많다. 필자도 공동 창조 워크숍을 시작할 때 참여자들에게 이 원칙들을 설명하고는 한다. 누구든 자유롭게 의견을 낼 수 있다는 점을 강조하며 적극적인 참여를 독려한다. 하지만 막상 아이디어 제시가 시작하면, "왜 저런 의견을 내는 거지?", "그건 안 돼.", "예전에 해봤는데 실패했어." 같은 비판이나 단정, 또는 포기성 반응이 튀어나오기 일쑤다. 최악의 경우 이해관계가 다른 참여자 간에 언성이 높아지거나 삿대질이 오가는 갈등 상황이 펼쳐지기도 한다.

이럴 때 워크숍을 관리하는 퍼실리테이터는 참여자마다 서로 다른 배경과 관점이 존재한다는 점을 환기시키고, 어떠한 아이디어도 바보 같게 느껴지지 않도록 정서적으로 안전한 환경을 조성해야 한다. 필요하다면 잠시 휴식을 취하거나 활동의 흐름을 바꿔 분위기를 재정비하는 등의 유연한 퍼실리테이팅• 역량이 요구된다.

아이디어 발산의 핵심은 가능한 많은 양의 아이디어를 수집하는 데 있다. 창의적인 해법은 미리 정해진 몇 개의 의견에 있는 것이 아니라, 다양한 아이디어가 섞이고 충돌하며 재조합되는 과정 속에서 탄생한다. 따라서 다소 엉뚱하거나 미완성처럼 보이는 의견이더라도 최대한 많은 아이디어를 얻어내야 한다. 이를 위해서는 비판받지 않을 것이라는 신뢰와 자신의 의견이 존중받는다는 심리적 안전감이 반드시 전제되어야 한다.

아이디어 발산에서는 "무엇을 말하느냐?"보다 "어떻게 자유롭게 말하게 하느냐?"를 중시하며, 모든 의견이 존중받는 분위기라면 아이디어가 산만하게 쏟아져도 문제되지 않는다. 이 아이디어들은 이후 수렴 단계에서 정리되고, 가지치기가 이루어지기 때문이다.

아이디어는 어디까지나 가능성을 품은 씨앗이다. 어떤 것이 싹을 틔우고 꽃을 피워 열매를 맺을지는 누구도 확신할 수 없다. 그러므로 아이디어 발산 단계에서는 옳고 그름을 가리기보다 최대한 다양한 생각을 자유롭게 펼쳐 보는 데 집중하자.

아이디어를 발굴하는 기법은 이 외에도 무수히 많지만, 그중 한 가지라도 깊이 이해하고, 실제 상황에 맞게 유연하게 적용할 수 있는 기량을 키우는 일이 가장 중요하다. 이를 위해 다양한 현장 경험을 쌓고 그 경험을 토대로 자신만의 방식으로 기법을 체화하고 발전시켜나가는 과정이 뒷받침되어야 한다.

이 책에서는 필자가 실무에서 활용해온 'HWM How Might We~?' 질문법과 '만다라트 Mandal Art' 기법을 중심으로 그 활용 방식과 사례를 소개하고자 한다.

- 퍼실리테이팅 기법은 『민주적 결정방법론: 퍼실리테이션 가이드』(샘 케이너 외 지음, 구기욱 옮김, KOOFA BOOKs, 2017)을 참고하기 바란다. 퍼실리테이터의 역할과 방법 등이 자세히 설명되어 있다.

How Might We~?: 문제를 질문으로 바꾸기

'HWM'은 How Might We~?의 줄임말로 "어떻게 하면 우리가 …할 수 있을까?"라는 질문 형식을 통해 아이디어를 도출하는 사고 프레임이다. 이 기법은 1970년대 초, 민 바사더Min Basadur가 P&GProcter & Gamble에 재직하던 시절, 처음 고안해 실무에 적용한 것으로 알려져 있다.

경쟁사 제품과의 차별화를 고민하던 그는 "어떻게 하면 더 나은 초록색 스트라이프 비누를 만들 수 있을까?"라는 질문을 던졌다. 단순하지만 개방적인 이 질문은 불과 몇 시간 만에 다수의 긍정적이고 창의적인 아이디어를 이끌어냈으며 그중 일부는 실제 제품으로 개발되어 성공을 거두었다. 바사더는 이 경험을 계기로 HWM 형식의 질문을 하나의 독립된 기법으로 정립해 주변에 전파했다.

이후 아이디오와 구글 등 혁신적인 글로벌 기업들이 HWM 기법을 문제 해결과 아이디어 발상의 주요 도구로 채택하면서 이 방법은 전 세계로 널리 확산되었다.

오늘날 HMW는 다양한 조직과 산업 현장에서 창의적 문제 해결을 위한 도구로 쓰이고 있으며, 그 효과를 입증하는 사례도 꾸준히 늘어나고 있다. 대표적인 예가 조산아를 위한 아기용 난방장치 '임브레이스 워머Embrace Warmer' 개발 프로젝트다.

네팔의 카트만두 병원 인근의 농촌 지역에서는 조산아나 저체중으로 태어난 아기들이 종종 생명이 위급한 상황에 놓이고는 했다. 도심에서 멀리 떨어진 이 가난한 마을은 신생아를 안전하고 따뜻하게 보호하는 데 어려움을 겪고 있었다. 아기의 생명이 위급해도 병원까지 이동하기가 쉽지 않았고 고가의 인큐베이터를 사용할 형편도 되지 않았다.

이 문제를 접한 스탠퍼드대학교 디스쿨 학생들은 「극한 비용제약을 위한 디자인Design for Extreme Affordability」 수업의 프로젝트로 해결책을 모색했다. 이들은 직접 현장을 방문해 열악한 주거 환경, 비싼 전기료, 의료기관 접근성 제약 등 복합적으로 어려운 생활 여건을 확인했다. 특히 고가의 인큐베이터 치료는 경제적으로 감당할 수 있는 선택지가 아니었고 학생들도 이러한 상황에 깊이 공감하게 되었다.

현장 조사 과정에서 또 하나의 중요한 사실을 확인했다. 많은 부모들이 아기를 병원에 맡겨 두는 것에 강한 심리적 거부감을 느꼈으며, 이 같은 감정적 저항은 의료 이용 가능성과는 별개의 숨은 니즈로 파악되었다.

이 조사를 바탕으로 학생들은 해결책 설계에 앞서 검토해야 할 두 가지 전제 조건을 세웠다. 첫째, 마을 주민들이 병원에 가지 않고도 집에서 아기를 따뜻하고 안전하게 보호할 수 있어야 하며, 둘째, 가난한 주민들에게 비싼 전기료는 큰 부담이었기 때문에 전력 소모를 최소화하면서도 인큐베이터의 기본적인 보온 기능을 유지할 수 있는 방법이어야 했다.

학생들은 이 문제를 "도시에서 멀리 떨어진 시골 마을에서 죽어 가는 신생아들의 생명을 구할 수 있는 아기용 난방장치를 어떻게 만들 수 있을까?"라는 HWM 질문으로 재정의하고 해결 방안을 모색했다. 이에 따라 약 200달러 정도의 저렴한 비용으로 4~6시간 동안 보온이 유지될 수 있는 아기용 난방장치가 탄생했다.

이 사례는 보온 장치 개발이라는 기술적 성취만으로는 한계가 있음을 상기시킨다. 아무리 뛰어난 기술이어도 사용자의 현실과 맞지 않으면 그 효과는 제한적일 수 밖에 없다.

　디자인·혁신 연구 분야에서는 문제 해결의 출발점은 기술이 아니라 '사용자 이해'라는 점이 여러 차례 강조되어 왔다. 그러나 우리는 솔루션을 개발하는 과정에서 종종 신기술 적용이나 가격 경쟁력 강화에만 주력하는 경향이 있다. 이 사례가 보여주듯, 진정한 혁신은 기술에 앞서 사용자의 상황과 숨은 니즈를 이해하는 데에서 출발해야 한다.

　이 사례는 또한 HWM 질문법이 문제를 정의하는 기능 외에도 사용자의 맥락을 반영해 새로운 기회를 탐색하는 데에도 효과적임을 알게 한다. 예를 들어 "비용이 너무 많이 든다"는 진술 대신 "어떻게 하면 비용을 절감할 수 있을까?"라는 질문으로 바꾸면, 사고의 방향이 문제 지적에서 해결 모색으로 자연스럽게 이동한다. 이는 아이디오와 스탠퍼드 디스쿨이 질문 개발 시 제시하는 세 가지 요소와도 부합한다.

　첫째, 사용자 정의로 제품·서비스의 목표 사용자를 구체화해야 한다. 앞서 살펴본 페르소나 기법이 바로 이를 위한 대표적 방법이다. 많은 기업이 자주 범하는 실수 중 하나는, 개발 초기 단계에서 타깃 사용자를 명확히 정하지 않은 채 제품이나 서비스를 기획하는 것이다. 이로 인해 결과물은 시장에서 주목받기 어려운, 모호하고 특색 없는 형태로 귀결되는 경우가 많다.

　한정된 자원으로 투자 대비 수익률ROI을 극대화하기 위해서라도, "무엇을 만들 것인가?"보다 "누구를 위한 제품인가?"가 먼저 정의되어야 한다. 이는 비즈니스 모델 캔버스에서 '고객 세그먼트Customer Segments'를 최우선 요소로 두는 원칙과도 일맥상통한다.

　둘째, 질문의 명확성이다. 사용자를 정의한 후에는 그들이 겪는

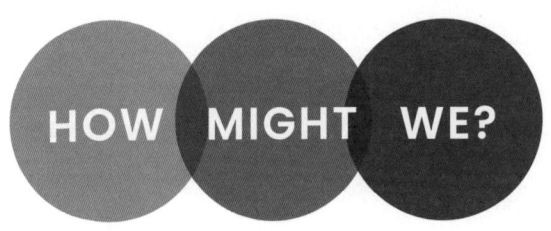

How(어떻게)	Might(할 수 있는)	We(우리가)
해결 방법을 찾기 위한 열린 질문	가능성을 열어두고 여러 아이디어를 허용	팀 기반의 협업 강조

(어떻게) 우리가 (제품·서비스 솔루션)을 (사용자 니즈)를 통해 해결할 수 있을까?

HWM 질문 예시
- 어떻게 하면 고령 환자들이 스마트폰이나 인터넷 없이도 진료 예약을 쉽게 할 수 있을까?
- 어떻게 하면, 진료 대기 시간이 긴 병원 환경에서 고령 환자나 장애인의 불안과 혼란을 줄일 수 있을까?
- 어떻게 하면 청각 장애나 인지의 어려움이 있는 환자들이 의료진과 더 잘 소통할 수 있을까?
- 고령 환자들이 진료 후 진단 내용과 치료 지시를 더 잘 이해하고 기억할 수 있도록 하려면 어떻게 해야 할까?
- 고령 환자들이 병원 진료 후 가정에서 약을 제대로 복용하게 하려면 어떻게 해야 할까?
- 사회적으로 고립된 노인들이 지역 사회와 더 많이 연결될 수 있도록 하려면 어떻게 해야 할까?
- 글을 잘 읽지 못하거나 언어 장벽이 있는 사람들도 공공서비스에 쉽게 접근할 수 있게 하려면 어떻게 해야 할까?
- 어떻게 하면 배달 음식을 주문할 때 일회용 수저 사용을 50% 이상 줄일 수 있을까?
- 가정에서 쓰레기 분리배출을 더 정확하고 지속적으로 실천할 수 있게 유도하려면 어떻게 해야 할까?

어려움이나 아직 충족되지 않은 니즈를 중심으로 질문을 구성해야 한다. HMW 질문은 문제 상황을 묻되, 그 안에 해결의 방향성과 창의적 가능성을 함께 내포하고 있어야 한다.

셋째, 목표의 구체성이다. 질문은 사용자의 실제 상황을 전제로 한 구체적 목표를 향해야 한다. 질문이 포괄적이면 솔루션 역시 모호해질 수밖에 없다. 모든 사람을 두루 만족시키려는 일반적 질문은 결국 어느 누구의 요구도 충분히 충족시키지 못하는 평범한 해결책을 낳게 된다.

예컨대 "어떻게 하면 병원을 찾는 방문객의 경험을 개선할 수 있을까?"라고 질문하기보다는 "어떻게 하면 고령 환자들이 진료 예약 과정을 더 쉽게 이해할 수 있도록 할까?" 또는 "고령 환자들이 병원 내부를 더 쉽게 찾고 이동할 수 있도록 하려면 어떻게 해야 할까?"처럼 대상과 목적이 분명한 질문이 훨씬 효과적이다.

이처럼 질문의 구조와 초점이 어떻게 설정되느냐에 따라 아이디어의 방향성과 깊이가 달라진다. 질문을 이런 방식으로 구체화해 나가면 더 현실적이고 창의적인 아이디어 발산이 가능하다는 사실을 체감할 수 있을 것이다.

만다라트: 아이디어 쏟아내기

만다라트Mandal Art는 1987년 일본의 디자이너 이마이즈미 히로아키今泉浩晃가 고안한 브레인스토밍 도구로, 짧은 시간 안에 다양하고 풍부한 아이디어를 얻을 수 있도록 설계되었다.

불교의 만다라 도형에서 영감을 받아 개발된 이 기법은 중심에서 출발해 바깥쪽으로 사고를 확장하는 구조로 되어 있다. 기본 형태는 3×3 격자의 총 9칸으로 구성되며, 중앙에 핵심 목표를 두고 주변 8칸에 해당 목표와 관련된 키워드를 배치한다. 이후 각 주변 칸을 새로운 중심으로 삼아 다시 3×3 격자를 확장하고, 각 키워드별 세부 아이디어를 발산하는 방식으로 전개된다. 이러한 구조는 목표를 세우고 이를 구체화하는 데 있어 매우 활용도가 높다.

이 기법이 대중적으로 알려지게 된 계기는 일본의 야구선수 오타니 쇼헤이大谷翔平 덕분이다. 고교 시절 그는 '프로야구 선수로 성공하기'를 중심 목표로 설정한 뒤 만다라트를 활용해 세부 계획을 시각적으로 구조화했다. 목표 달성에 필요한 기술 훈련, 생활 습관, 멘탈 관리 등을 하위 항목으로 세분화해 계획을 세웠고, 이는 그의 성

만다라트 기법 예시: 지자체 의료복지 시스템 개선안

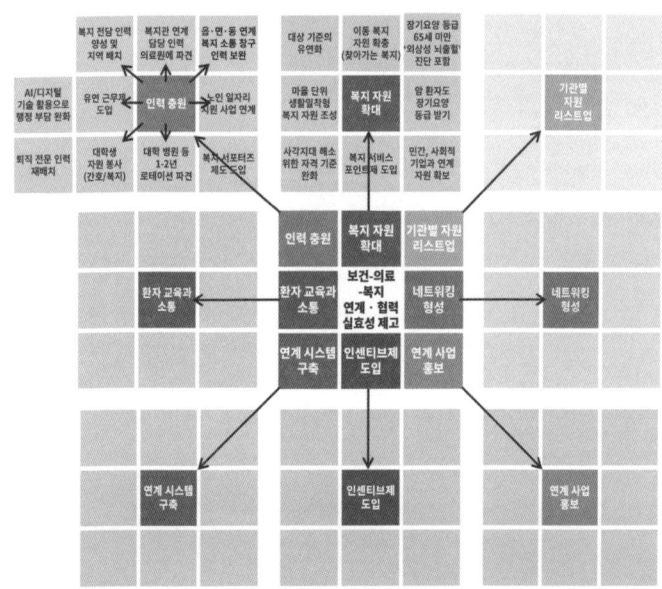

공 비결 중 하나로 주목받아 목표 달성을 위한 전략적 사고 도구로도 널리 알려지게 되었다.

만다라트는 생각을 구조적으로 정리해 시각화해 주기 때문에 창의성을 촉진하는 데 효과적인 도구로 평가받는다. 만다라트를 잘 활용하면 명확한 목표 설정은 물론 창의적인 문제 해결과 단계별 실행 계획까지 설계할 수 있다. 최근에 디자인씽킹 프로세스와 접목해 아이디어 발굴 도구로 쓰이면서, 쇼헤이 선수처럼 자기계발과 장기적 인생 설계에도 폭넓게 응용되고 있다.

아이디어 발산 워크숍 현장에서 참여자들이 만다라트와 같은 구조적 도구를 활용하여 서로의 아이디어에 영감을 받아 사고를 연결·확장하는 모습을 자주 볼 수 있다. 많은 이들은 "시간이 더 주어진다면 더 많은 아이디어를 낼 수 있을 것"이라 기대하지만, 오히려 제한된 시간일수록 집중력이 높아져 더 창의적이고 의미 있는 아이디어가 나올 확률이 높다. 시간이 지날수록 비슷한 아이디어가 반복되거나 집중력이 떨어지면서 참신성이 감소하기 때문이다.

따라서 퍼실리테이터는 참여자들이 주제와 목표에 계속 몰입할 수 있도록 수시로 방향을 상기시키고 논의의 흐름을 유연하게 조율해야 한다. 아울러 아이디어 표현 방식에도 변화를 시도할 수 있다. 예를 들어 비유나 은유를 활용하거나 말로 설명하기 애매한 생각은 그림으로 시각화하면 다른 참여자들에게 직관적 자극이 되어 새로운 발상을 촉진할 수 있다.

무엇보다도 만다라트는 중장기적 목표를 세울 때 적합하다. 작은 아이디어들을 차근차근 실현해 나가면서 큰 목표를 현실로 만들도록 돕는 것이 관건이다. 장기적인 목표라도 방향을 잃지 않고 목표를 향해 세부 계획을 확장해나갈 수 있다.

솔루션 콘셉트 개발하기

HMW 기법이나 만다라트 등을 통해 발산된 아이디어는 마치 사방에 흩어진 퍼즐 조각과 같다. 발산 단계에서는 각 조각이 개별적으로 빛을 발하지만 진짜 가치는 이 퍼즐 조각들을 조합하고 연결해 하나의 의미 있는 그림으로 완성할 때 드러난다.

이를 위해, 앞서 복잡하고 산만했던 문제들을 유형화해 구조화했던 것처럼, 유사한 개념이나 공통 속성에 따라 아이디어를 분류하고 통합하는 '아이디어 유형화Idea Typification' 과정이 필요하다. 이 과정을 통해 초기의 단편적 아이디어가 응집력 있는 '아이디어 묶음Idea Unit'으로 발전한다.

아이디어 유형화의 가장 큰 장점은 무질서하게 흩어진 아이디어를 체계적으로 정리해 대표 개념으로 응축할 수 있다는 데 있다. 표현은 달라도 의미가 비슷한 아이디어를 묶으면 중복을 줄이며 이후 수렴 단계에서 발생할 수 있는 혼선을 최소화할 수 있다. 특히 개념이 다소 모호한 아이디어일수록 제안자의 설명을 직접 듣는 과정에서 그 의도와 맥락이 명확해져, 참여자 사이의 관점 조율과 의사결정에도 긍정적 영향을 미친다.

앞서 아이디어 유형화로 집약시킨 아이디어 묶음은 그대로 '콘셉트화Conceptualization'의 재료가 된다. 중복을 최소화한 상호 보완적 묶음을 통합해, 문제 해결의 핵심 원리와 가치 제안을 중심으로 하나의 콘셉트로 정리한다. 아이디오와 스탠퍼드 디스쿨의 디자인 씽킹 프로세스에서도 발산된 아이디어를 개념 단위로 묶어 구체화하는 단계를 새로운 해결책 도출의 주요 단계로 제시한다.

정리된 솔루션 콘셉트는 기능, 편의성, 사용자 경험, 프로그램,

아이디어 유형화 및 콘셉트화 예시: 전동퀵보드

아이디어 묶음	솔루션 콘셉트화
• 카카오, 네이버 등 소셜 플랫폼에 로그인 연동 확대 • QR 코드 즉시 가입 • 요점만 요약된 '1줄 설명' 제공 + 전체 보기 선택 가능 • 1회성 임시 이용권 제도 도입 • 지자체 주민 인증 시 자동 할인/우대 자동 적용	가입 간편화
• 장애 극복 위한 UI 추가 개선 • 탑승 전 목적지 확인 기능 • 다국어 지원 기능 • AI 기반 맞춤 추천 경로	이용 지원 서비스
• 이동거리 기반 • 여성/고령 할인 • 정기권 요금제 • 시간대별 탄력 요금제 • (도보/대중교통과 연계) 탄소 배출 절감 기여 요금제 • 가족/지인 연동 요금제	맞춤형 요금제
• 목적지 저장 • AI 기반 출·퇴근 자동 예측 및 예약 • 다중 언어 설정/선택 저장 • 주차공간 미리 확인 가능 • 이동 목적 기반 추천 • 연령별 UI 자동 전환	사용자 맞춤화
• 이용 상황에 맞춘 시나리오 매뉴얼 • 카메라를 비추면 실제 기기 조작법을 AR로 시각적으로 안내 • 영상 요약 및 짧은 클립 제공 • 자주 묻는 오류별 즉시 대응 가이드	다양한 매뉴얼 제공
• 실시간으로 주차 가능/불가 구역 시각화 • 불법 위치 자동 표시 • 지자체 연계 지정 주차존 활성화 • 야간 가시성 보조장치 • 시민 누구나 불량 주차 발견 시 앱 내 신고 → 운영사 즉시 회수	안전한 주차

이벤트 등 주제theme별로 분류할 수 있다. 이렇게 주제별로 체계화하면 우선순위 선정, 역할과 책임 명확화, 일정 관리가 한정된 자원을 효율적으로 배분할 수 있다. 나아가 각 영역별 진행 상황을 지속적으로 모니터링하고 목표 달성 여부를 수시로 점검할 수 있어 체계적 설계가 가능해지고 실행 단계의 효율도 함께 높아진다.

테마어 예시

테마어	솔루션 콘셉트	
기능 중심 (Functionality)	• 정보 제공 • 예약·신청 • 탐색·검색 • 알림·리마인더	• 커뮤니케이션 • 자동화 • 데이터 시각화
편의성· 사용성(Usability)	• 접근성 개선 • 사용자 맞춤형 • 간편 절차 • 직관적 UI	• 시간 단축 • 불편 요소 제거 • 모바일 최적화
감성·사용자 경험 중심(Emotion·User Experience)	• 즐거움·놀이 요소 • 감성 자극 • 몰입 경험 • 공감 유도	• 인터랙션(참여형) • 안정감 제공 • 친근한 디자인
운영·시스템 관점(Operation)	• 인력 효율화 • 비용 절감 • 시스템 연동 • 표준화	• 유연한 대응 • 협업 구조 강화 • 프로세스 단순화
프로그램·콘텐츠 (Program·Contents)	• 교육 프로그램 • 체험형 이벤트 • 캠페인 • 전시·홍보	• 챌린지·미션 • 퀴즈·게임 • 워크숍·세미나
사회적 가치 (Social value)	• 취약계층 지원 • 지역 커뮤니티 강화 • 환경 보호	• 사회적 연대 • 공공서비스 개선 • 건강·복지 향상

2. 솔루션 콘셉트 선정

도출된 솔루션 콘셉트는 참여자들의 노력과 의지가 담긴 소중한 결과물인 만큼 모두 실행된다면 이상적일 것이다. 그러나 사업계획서 작성에 앞서 기술적·재정적·법적 조건 등 현실적 제약을 종합적으로 검토해 해당 콘셉트의 실현 가능성을 미리 점검해야 한다.

구체적으로는 필요한 예산 확보, 인력·장비·원자재 등의 자원 조달, 프로젝트 수행에 소요되는 기간과 일정 등을 면밀히 검토해야 한다. 이러한 사전 검토 과정은 사업화 추진 중 발생할 수 있는 위험 요소를 조기에 식별하고 대응 방안을 마련하는 데 효과적이다.

보다 객관적이고 합리적인 판단을 위해서는 다양한 이해관계자의 참여가 바람직하다. 이는 솔루션의 실행 가능성과 우선순위를 균형 있게 결정하는 데 타당한 근거가 되며, 검토·평가 과정에서 발견된 한계에 따라 콘셉트를 수정·보완할 기회를 제공한다.

따라서 아이디어 콘셉트를 평가·선정하는 절차는 '더 좋은 아이디어'를 가려내는 과정이 아니다. 그보다는 사업 성공 가능성을 극대화하고 잠재적 위험을 사전에 거르는 필터링 단계로서, 솔루션의 완성도와 실행력을 높이는 데 결정적 역할을 한다.

카노 모델: 사용자 가치 분석하기

'카노 모델Kano Model'은 새로운 제품이나 서비스를 기획할 때 사용자 만족도를 기준으로 다양한 속성을 분류하고 관리하는 데 유용한 분석 도구이다. 이 모델은 1980년대 일본의 노리아키 카노狩野紀昭 교수가 제안한 이론으로, 프레더릭 허즈버그Frederick I. Herzberg의 '동기-위생 이론Two-Factor Theory'의 영향을 받아 개발했다.

허즈버그는 1959년, 기존의 직무만족 이론이 '직무 만족'과 '불만족'을 서로 반대되는 개념으로 간주하는 점을 지적하며, '만족'의 반대는 '만족하지 않음'이고, '불만족'의 반대는 '불만족 없음'이라는 새로운 견해를 내놓았다. 그는 만족과 불만족이 상호 독립적인 관계이며 각각 서로 다른 요인에 의해 영향을 받는다고 보았다.

또한 직무 만족에는 성취감·책임감·자기 발전 등과 같이 업무 의욕을 높이고 만족을 증진시키는 내재적 요인인 '동기 요인motivator'과, 급여·복지·근무조건 등 불만족을 예방하는 외재적 요인인 '위생 요인hygiene factor'의 두 차원이 존재한다고 설명했다.

동기 요인이 충족되면 업무 동기와 직무 만족도는 높아지지만 불만족을 줄이는 데에는 큰 영향을 주지 않는다. 반대로 위생 요인은 충족되지 않으면 불만족을 유발하지만 이를 충족한다고 해서 직무 만족도가 비례해 상승하지는 않는다[26].

다시 말해, 열악한 직무 환경은 불만족을 초래할 수 있으나 환경이 개선되더라도 반드시 만족도가 높아지는 것은 아니다. 또한 성취감과 같은 내재적 요인이 충족되면 만족도가 향상되지만, 이것이 결여된다고 해서 곧바로 불만족이 발생하는 것도 아니다. 이는 우리가 흔히 생각하는 '물리적 환경이 개선되면 만족도도 함께 비례해 상승한다'는 가정을 재고하게 만든다.

카노 교수는 이러한 동기-위생 이론의 관점을 제품·서비스 품질 평가로 확장해 적용하면서 고객 만족도가 특정 기능의 존재 여부에 단순 비례하지 않는다는 점에 주목했다.

그는 어떤 속성은 제공되면 큰 만족을 주지만 결핍되어도 불만족으로 이어지지 않을 수 있으며, 반대로 어떤 속성은 제공되지 않으면 강한 불만족을 일으키지만, 제공된다고 해서 특별한 만족을 주지 않을 수도 있다고 주장했다.

이러한 전제를 바탕으로, 그는 제품·서비스의 개별 속성이 고객 만족에 미치는 영향을 다음 네 가지 속성으로 분류했다.

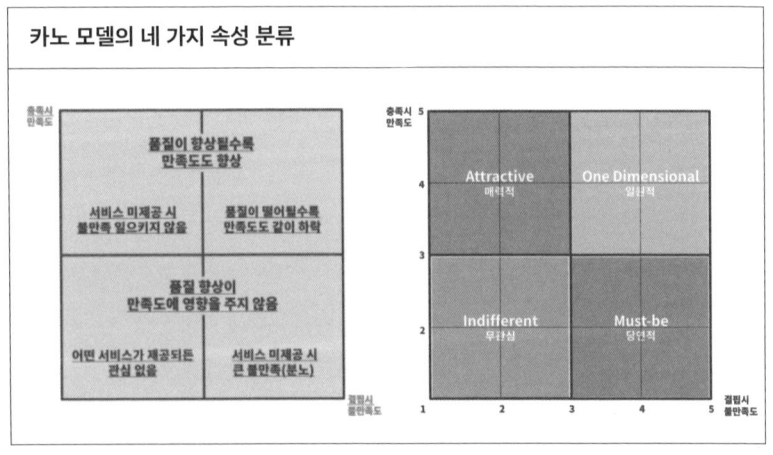

카노 모델의 네 가지 속성 분류

첫 번째는 '당연적Must-be' 속성이다. 사용자 입장에서 기본적으로 갖추어져 있어야 한다고 여기는 필수적인 요소로, 반드시 충족되어야 하는 최소 요건에 해당한다.

예를 들어 스마트폰의 통화 품질, 병원의 위생 상태, 호텔 객실의 청결, 공원과 골목길의 조명 등은 사용자 입장에서 '당연히 제공되어야 한다'고 여기는 요소들이다. 이 속성이 결핍되거나 미흡하면 불만족이 급격히 증가하며, 경우에 따라 분노나 신뢰 상실로 이어질 수 있어 최우선적으로 고려해야 한다.

두 번째는 '일원적One Dimensional' 속성으로 만족과 불만족이 비례 관계를 이루는 유형이다. 이 속성은 사용자의 니즈가 충족될수록 만족도가 높아지고 충족되지 않을수록 불만족도도 함께 증가하는 특성이 있다.

예컨대 병원의 대기 시간, 행정복지센터의 민원 처리 속도, 119 긴급 출동 서비스 등은 빠르면 빠를수록 사용자 만족도가 높아지는 반면, 오래 지체되거나 미흡할수록 불만족도가 높아져 민원이나 부정적 피드백으로 이어질 수 있다. 따라서 지속적인 품질 개선이 필요하다.

세 번째는 '매력적Attractive' 속성이다. 사용자가 전혀 기대하지 않은 서비스를 제공받았을 때 만족도가 크게 향상되지만 제공되지 않더라도 사용자가 특별히 불만을 느끼지 않는다.

예를 들어 어떤 환자가 수술 전날 병원 간호사나 의료진으로부터 안부 전화를 받는다면 환자와 그 가족은 예상치 못한 배려에 감동을 느낄 것이다. 안부 전화는 병원이 반드시 제공해야 하는 필수 절차는 아니지만 환자나 보호자에게 심리적 안정과 신뢰를 주어 병원에 대한 전반적 만족도를 상승시킬 수 있다.

따라서 제품·서비스 전략 수립 시 매력적 속성을 적극적으로 발굴하고 활용하는 것은 사용자 만족도를 향상시키고 경쟁력을 높이는 차별화 수단이 될 수 있다.

네 번째 '무관심Indifferent' 속성은 사용자에게 특별한 관심이나 기대가 없어 해당 요소가 충족되더라도 만족도가 높아지지 않으며, 반대로 충족되지 않더라도 불만족으로 이어지지 않는 특성이 있다.

가령, 음식점 키오스크에 음식을 3D로 여러 각도에서 보여주는 기능을 추가했다고 가정해보자. 대부분의 고객은 신속한 주문과 결제를 원하므로 이러한 기능에 큰 관심이 없을 수 있다. 이처럼 무관심 속성은 사용자 경험에 미치는 영향이 미미하고 만족도 향상에도 기여하지 않기 때문에 전략적 우선순위에서 제외·배제하거나 최소화하는 것이 효율적이다.

카노 모델의 네 가지 속성은 솔루션 콘셉트의 방향성을 설정하는 기준점이 된다. 특히 당연적 속성은 충족 여부가 사용자의 불만과 신뢰 하락에 직결되므로 전략 수립에서 최우선적으로 전제되어야 한다. 이를 통해 잠재적 불만을 앞서 제거하고 기본에 충실한 안정적 사용자 평가를 확보할 수 있다.

그런 다음 매력적 속성을 적극 강화해 기대 이상의 만족을 유도하고, 차별화된 사용자 경험을 통해 경쟁 우위를 확보하는 방향으로 전개하는 것이 바람직하다. 기본을 충분히 충족시킨 다음 감동을 더하는 방식이 합리적이다.

한편 카노 모델의 각 속성은 고정적인 것이 아니라 시간에 따라 변화할 수 있다. 처음에는 고객에게 감동을 주던 매력적 속성이 사용자에게 익숙해지거나, 경쟁사가 동일한 기능을 제공하면 매력적 속성이 일반화되는 '기능 진부화obsolescence' 현상이 발생할 수 있다.

카노 모델 평가표와 속성 분석

솔루션 콘셉트 평가표(카노 모델)

이름:

솔루션 콘셉트	충족시 만족도 ① 관심 없다	② 없는게 보다 나을 거 같다	③ 그저 그렇다	④ 있으면 매우 좋을거 같다	⑤ 있으면 항상적일거 같다	결핍시 불만족도 ① 관심 없다	② 없어도 별로 상관 없을거 같다	③ 보통이다	④ 없으면 불만일거 같다	⑤ 없으면 매우 화날 거 같다
1.	①	②	③	④	⑤	①	②	③	④	⑤
2.	①	②	③	④	⑤	①	②	③	④	⑤
3.	①	②	③	④	⑤	①	②	③	④	⑤
4.	①	②	③	④	⑤	①	②	③	④	⑤
5.	①	②	③	④	⑤	①	②	③	④	⑤
6.	①	②	③	④	⑤	①	②	③	④	⑤

평가표를 참여자들에게 나누어주고 개별적으로 평가하도록 한다.

① 이용 지원 서비스
② 사용자 커뮤니티 서비스
③ 맞춤형 요금제
④ 긴급 솔루션
⑤ 카테고리별 정보 안내
⑥ 다양한 할인/혜택
⑦ 위험 ZONE 대응
⑧ 사용자 맞춤화
⑨ 편의용품 제공
⑩ 다양한 매뉴얼 제공
⑪ 가입 간편화
⑫ 안전한 주차 시스템

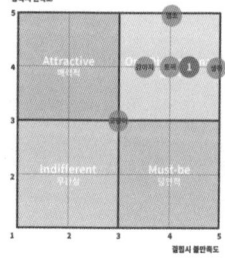

개별 평가가 끝난 후에는 모든 참여자의 평가표를 수합해, 솔루션 콘셉트별로 종합 평가를 진행한다. 이때 참여자의 이름을 기입하면 각 콘셉트에 대한 생각의 차이를 확인할 수 있다. 평가 점수가 크게 차이 나는 참여자들은 서로의 관점을 논의하며 의견을 조율하도록 유도한다.

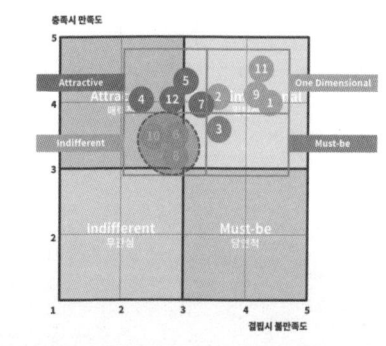

모든 콘셉트에 대한 종합 평가가 끝나면 카노 모델의 네 가지 속성에 따라 분류한다. 이때 사용자 관점에서 큰 만족도도 불만족도도 유발하지 않는 무관심(Indifferent) 영역에 속하는 콘셉트는 효과성이 낮다고 판단되어 추후 논의 또는 개발에서 보류하는 방향으로 결정한다.

4장 ○ 사회적 디자인

대표적으로 자동차의 에어백 시스템, 스마트폰의 고속 충전 기능, 호텔의 와이파이Wi-Fi 무료 제공 등이다. 이러한 기능은 도입 초기에는 사용자에게 매력적인 요소로 인식되었으나 시간이 지나면서 점차 기본적으로 제공되어야 할 당연적 속성으로 여겨졌다.

따라서 사용자의 만족도를 주기적으로 재평가하고, 변화하는 환경에 맞춰 새로운 매력적 요소를 발굴해내는 노력이 필수적이다. 반면에 이미 당연적 속성으로 전환된 기능은 차별화 효과가 없으므로 사용자에게 불만을 야기하지 않을 수준의 기본 품질만 유지하면 된다. 이를 위해 원가 절감과 자동화, 효율적인 운영 방안 등으로 자원을 절약하고, 경쟁력 있는 매력적 속성 개발에 확보된 자원을 집중하는 것이 바람직하다.

이러한 속성 분석을 실제 제품·서비스 개발에 효과적으로 반영하려면 각 솔루션 콘셉트를 체계적으로 평가할 수 있는 도구가 필요하다. 적합한 방법으로 카노 모델에 기반한 '만족도-불만족도 이중 평가표'를 사용할 수 있다. 평가는 각 속성이 충족되었을 때의 만족도와 충족되지 않았을 때의 불만족도를 동시에 측정하는 방식으로, 긍정적 질문과 부정적 질문을 하나의 쌍으로 구성한다.

평가표는 참여자가 각자의 소신에 따라 개별적으로 평가하도록 하고, 이후 모든 참여자의 평가 결과를 하나의 템플릿에 통합·시각화하여 전체 의견을 한눈에 확인·비교할 수 있도록 한다. 이 과정에서 이해관계자들 간의 관점 차이가 자연스럽게 드러나며, 특히 평가 결과가 크게 엇갈리는 항목에 대해서는 토론을 거쳐 상호 이해와 관점을 조율하게 한다. 이와 같은 협의 절차는 서로의 시각과 우선순위를 이해하고 존중하는 과정으로 공감대를 형성하는 데 유익하다. 그리고 최종적으로 모두가 수용할 수 있는 솔루션으로 발전하게 되며 실행 의지와 책임감도 강화된다.

만족도-불만족도 이중 평가 방식의 카노 모델은 제한된 자원 환경에서 어떤 콘셉트를 제거하거나 축소할지, 어떤 항목을 강화할지를 결정하는 데 유용한 판단 기준이 된다. 특히 사용자 만족도라는 감정적 반응을 정량적으로 측정할 수 있다는 점에서 사용자 중심의 합리적 의사결정을 가능하게 하는 평가 도구로서 활용 가치가 높다.

포지션 맵: 실행 가능성 타진하기

기업은 사업 전략을 수립할 때 다양한 사업 단위나 제품, 아이디어의 우선순위를 평가·결정하기 위해 여러 분석 도구를 활용한다. 그중 하나가 'GE-맥킨지 매트릭스GE-McKinsey Matrix'다.

이 매트릭스는 X축과 Y축으로 구성된 2차원 구조로 되어 있다. X축에는 '사업 단위의 경쟁력' 또는 '기술적 역량'을, Y축에는 '시장 매력도'를 배치한다. 평가 방식은 비교적 단순하지만 다양한 요소를 하나의 프레임 안에서 직관적으로 비교·분석할 수 있어 의사결정의 근거가 된다.

평가 지표는 단일 항목이 아니라 복수의 요소를 조합해 종합적으로 평가한다. 예를 들어 시장 매력도 측면에서는 시장 성장률, 수익성, 진입 장벽, 경쟁 강도 등을 검토하고, 사업 단위 경쟁력 측면에서는 브랜드 인지도, 기술력, 유통 역량, 인적 자원, 비용 구조 등을 포함할 수 있다.

이와 유사한 2×2 분석 도구로는 1970년대에 보스턴 컨설팅그룹Boston Consulting Group: BCG이 개발한 'BCG 매트릭스'가 있다. 이 프레임워크는 기업의 보유한 제품이나 서비스를 상대적 시장 점유율과 시장 성장률이라는 두 가지 기준으로 평가한다. 이 두 기준에 따라 어떤 상품에 우선 투자할지, 어떤 사업은 유지 또는 철회할지 등을 결정함으로써 사업 포트폴리오의 균형 있는 발전을 도모하고 자원을 효과적으로 배분할 수 있다.

이처럼 매트릭스를 활용한 분석은 아이디어나 사업 콘셉트를 시각적으로 비교하고 전략적 우선순위를 판단하는 데 강점이 있다. 이 같은 장점을 실무에 접목해 신제품 기획 초기 단계에서 아이디어 콘셉트를 보다 전략적으로 수렴할 수 있도록 고안한 방법이 있다. 바로 조창규 박사㈜알마덴디자인리서치 대표가 자신의 저서 『디자인리서치 툴북』에 소개한 '포지션 맵Position Map'이다.

포지션 맵은 GE-맥킨지 매트릭스와 유사하게 여러 평가 기준 중 두 기준을 쌍으로 조합해 아이디어를 다각도로 분석하는 방식이다. 이를테면 시장 매력도와 실현 가능성, 수익성과 개발 가능성, 시장 매력도와 기술적 타당성 등의 조합을 활용할 수 있다.

조 박사에 따르면, 특히 '시장 매력도'와 '기술적 타당성' 조합이 실무에서 자주 쓰이며, 신제품 개발 착수 전에 내부 관계자 간 전략 방향을 탐색하고 사전 합의를 도출할 때 효과적이다.

포지션 맵 역시 카노 모델처럼 평가표를 활용해 참여자들이 개별적으로 솔루션 콘셉트를 평가한 뒤, 결과를 통합해 시각화한다. 이후 토론과 협의를 거쳐 최종 우선순위를 선정한다.

우선순위는 동일 점수대별로 유형화한 후 상대적 순위를 부여하여 실행 계획 수립에 활용한다. 또한 비록 하위 순위로 분류된 콘셉트라도 상위 콘셉트와 통합이 가능하다면 해당 콘셉트를 재정리해 통합 반영할 수 있다.

포지션 맵과 우선순위 분석

1. 주차공간 공유(인센티브) 서비스
2. 시간·요일 등 차량 통제 시스템
3. 1상점 1이웃 결연
4. (상점 협업) 우리동네 브랜드 개발
5. 로컬 식재료 기반 도시락 판매
6. 'ㅇㅇ데이' 이벤트
7. 주민 나눔장터
8. 마을 패키지 & 밀키트 상품
9. 공동구매 & 직거래 서비스
10. 구매대행·배달(정미 카트) 서비스
11. 시장 라디오 방송국
12. 상점 환경 개선(통일성)
13. 시장 전용 포인트/스탬프
14. 시장 판매 체험 코너
15. 청년 창업 부스 존 조성

개별 평가 후 종합 평가를 진행한다. 평가표를 참여자들에게 나누어주고 개별적으로 평가하도록 한다. 참가자들이 평가한 점수를 실현 가능성과 매력도로 구분하여 좌표에 나타내고, 이 점수들의 평균 위치에 솔루션 콘셉트를 표시해, 해당 솔루션의 전체적인 평가 수준을 시각적으로 확인할 수 있다.

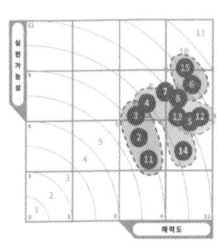

Service Offering	Benefit 점수	Benefit 가중치
6. 창립일 'ㅇㅇ데이' 이벤트	10	10.1%
15. 청년 창업 부스 존 조성	10	10.1%
12. 상점 환경 개선(통일성)	9	9.1%
8. 마을 패키지 & 밀키트 상품	9	9.1%
5. 로컬 식재료 기반 도시락 판매	9	9.1%
7. 주민 나눔장터	9	9.1%
13. 시장 전용 포인트/스탬프	8	8.1%
14. 시장 판매 체험 코너	8	8.1%
4. (상점 협업) 우리동네 브랜드 개발	8	8.1%
3. 1상점 1이웃 결연	7	7.1%
2. 시간·요일 등 차량 통제 시스템	6	6.1%
11. 시장 라디오 방송국	6	6.1%

두 평가 지표의 교차 지점을 기준으로 솔루션 콘셉트의 점수를 산정하며, 원점에서 멀리 떨어질수록 성공 가능성이 높은 솔루션으로 평가한다. 이때, 두 축의 최댓값을 반영한 동심원을 보조선으로 활용하면 상대적으로 우수한 솔루션을 직관적으로 식별할 수 있다.

카노 모델이나 포지션 맵과 같은 평가 프레임워크는 복잡한 평가 기준을 템플릿으로 정리해 객관적이고 체계적인 분석을 가능하게 한다. 각자가 제시한 근거를 같은 틀에서 비교하므로 논의가 주장 중심에서 증거 중심으로 이동하고, 무엇보다 시각화된 결과를 함께 보며 논의하는 과정 자체가 토론과 협의를 촉진해 갈등을 줄이는 완충 장치로 작동한다.

  이러한 참여 중심의 평가 방식은 우선순위만 정하는 절차가 아니다. 이는 공감과 신뢰에 기반한 합의 형성으로 이어지며, 그 결과 실행에 대한 참여 의지와 책임감, 만족도 제고로 연결된다. 아울러 합의를 명확히 하면 추진 과정의 불필요한 재논의와 재작업을 줄여 속도를 높이고 주기적 재평가를 통해 환경 변화를 반영함으로써 만족도를 지속적으로 개선할 수 있다.

3. 콘셉트 디자인

최종 선정된 솔루션 콘셉트를 충분히 구체화하지 않은 채 곧바로 프로토타입 제작에 착수할 경우, 개발 과정에서 방향성이 모호해져 혼선이 빚어지거나 불필요한 수정 작업이 반복될 수 있다. 이러한 문제는 초기 기획과 실제 구현 단계 간의 이해 차이, 요구사항 누락, 기능 범위 임의 변경 등에서 주로 비롯된다. 따라서 제작에 들어가기 전에 솔루션을 구체화하고 이를 토대로 주요 기능과 사용자 가치를 명확히 정의하는 '콘셉트 디자인concept design' 과정을 반드시 거쳐야 한다.

콘셉트 디자인은 솔루션의 주요 개념을 간략한 형태의 시제품, 스케치, 모형 등으로 시각화해 내부 이해관계자와 사용자 간 논의의 기초 자료로 활용한다. 아이디어를 구체적 형태로 드러내면 개발 방향에 대한 공감대를 형성하고 잠재적 오류나 미비점을 조기에 발견해 보완할 수 있다. 이는 결과적으로 프로젝트의 목표와 실행 계획을 보다 정교하게 조율하고, 초기부터 방향성과 타당성을 검증해 최종 산출물의 완성도를 높일 수 있다.

서비스디자인에서 콘셉트 디자인은 시각화에만 한정되지 않는다. 앞서 도출한 솔루션 콘셉트를 사용자 경험 중심으로 구체화하는 설계 과정으로 본다. 특히 프로세스, 매뉴얼, 시스템처럼 시각적으로 표현하기 어려운 무형의 솔루션에서 그 활용 가치가 더욱 크다. 이때 서비스 청사진, 고객여정지도, 스토리보드 등의 도구를 활용해 보이지 않는 서비스 요소까지 가시화해 솔루션의 작동 방식과 구조를 누구나 쉽고 직관적으로 파악할 수 있도록 한다.

이 과정에서 불필요하거나 실현 가능성이 낮은 요소를 가려 내고, 반대로 추가 아이디어의 필요성이 드러나기도 한다. 따라서 설계 단계에서 솔루션의 타당성을 체계적으로 검토할 수 있다.

또한 콘셉트 디자인은 다양한 이해관계자 간의 원활한 커뮤니케이션을 촉진하는 공통 언어 역할을 한다. 조직 내 기획팀, 개발팀, 운영팀, 홍보팀 등 부서별로 서로 다른 관점과 해석을 가질 때, 솔루션의 핵심 가치와 작동 방식을 명료하게 담은 콘셉트 디자인은 직관적 이해와 공감대 형성을 돕는다. 이는 예산 편성, 일정 조율 등 실무 협의 과정에서 일관된 방향성을 유지하고 협업의 효율성을 제고하게 한다.

무엇보다 솔루션 개발의 전후 비교는 초기 단계에서 정의한 사용자 니즈와 문제점이 실제로 반영되었는지를 평가할 수 있는 기준점을 제공한다. 이를 통해 보다 완성도 높고 사용자 중심적 설계를 강화할 수 있다.

콘셉트 보드: 솔루션 소개하기

'콘셉트 보드Concept Board'는 제품·서비스의 핵심 아이디어를 시각 요소와 간단명료한 설명으로 한 화면 Board에 정리해 한눈에 전달하는 보드형 도구다. 일반적으로 제작 이전 단계에서 적용되며, 초기 아이디어에 대한 피드백을 수집하고 이후 프로토타입 제작과 사용자 테스트로 이어지는 중간 다리 역할을 한다.

콘셉트 보드에는 목표 사용자가 얻게 될 주요 가치와 차별화된 혜택benefit, 제품·서비스의 주요 기능, 특징, 외관 등을 간결하고 분명한 언어로 기술하며, 이미지나 스케치 등 시각 자료를 함께 제시해 콘셉트 이해도를 높인다.

이러한 자료를 바탕으로 하나의 솔루션이 어떤 문제를 어떤 방식으로 해결하는지를 시나리오 형태로 구성한다. 이때 솔루션의 핵심 개념, 실행 방식, 사용 맥락, 문제 해결의 필요성 등 네 가지 항목을 논리적이고 유기적으로 연결해 서술해야 한다.

먼저 "무엇을 할 것인가?"에 해당하는 부분에서 솔루션의 콘셉트를 정의한다. 즉 솔루션이 지향하는 목표는 무엇이고 사용자에게 어떤 변화나 경험, 시스템을 제안하는지를 명확히 밝혀야 한다. 이때 콘셉트의 핵심 아이디어와 가치는 한 문장 또는 슬로건으로 요약해 제시하면 효과적이다.

예를 들어, 고령 환자는 병원에 방문할 때 복잡한 절차와 정보 부족으로 인해 불안과 혼란을 겪을 수 있다. 이에 대한 솔루션은 "줄서지 않는 병원"이라는 슬로건으로 표현할 수 있다. 이 표현은 병원 도착 즉시 대기 없이 안내와 진료를 받을 수 있도록 실시간 정보 안내 시스템을 지원하는 등의 주요 아이디어를 함축한다. 211쪽 참고 다음으로 "어떻게 할 것인가?"에서는 앞에서 정의한 콘셉트를 구체적으로 실현하는 방법을 제시하는 단계이다. 여기서는 서비스가 어떤 원리로 작동하고 어떤 기술과 자원, 접점을 활용하여 사용자가 어떤 흐름으로 이를 경험하는지 단계적으로 설명한다.

예컨대 '줄 서지 않는 병원' 콘셉트를 구현하기 위해 병원 입구에 키오스크를 설치하고, 환자가 기본 정보를 입력하면 해당 내용이 모바일 앱과 연동되어 실시간 대기 현황과 진료 위치가 알림 형태로 제공되도록 통합 안내 시스템을 구축한다. 이를 통해 환자는 병원 내 동선을 더 직관적으로 파악하고 불필요한 대기 시간을 최소화할 수 있다.

이어 "누가, 언제, 어디서 사용할 것인가?"는 솔루션이 적용될 사용자 맥락을 정의하는 단계이다. 해당 솔루션의 주요 사용자가 누구인지, 어떤 상황과 시점, 장소에서 이용하는지를 자세히 소개해야 한다. 이는 사용자 중심 설계에서 매우 중요한 요소로, 솔루션이 현실에서 제대로 작동하는지 여부는 사용자의 실제 상황과 환경에 따라 결정되기 때문이다.

예를 들어 '줄 서지 않는 병원'의 주요 사용자가 디지털 기기에 익숙하지 않은 70대 고령 환자라면, 사전 예약 없이 혼자 병원을 방문했을 때 로비에 설치된 키오스크가 자동으로 음성 안내를 제공하거나 도우미의 도움을 받아 정보를 입력한 후 자신의 휴대전화로 실시간 대기 현황과 진료 위치를 안내 받는 상황을 포함해야 한다.

마지막으로 "왜 필요한가?"에서는 사용자의 기존 문제와 솔루션이 어떻게 연결되는지 설명한다. 사용자가 겪는 불편과 문제는 무엇이고, 해당 솔루션이 이를 어떤 방식으로 해결해주는지를 명확히 서술해야 한다.

④ 해결되는 사용자 문제 연결 '왜 Why' 필요한가?	① 솔루션 콘셉트 정의 '무엇을 What' 할 것인가?
③ 사용자 맥락 정의 '누가 Who', '언제 When', '어디서 Where 사용할 것인가?	② 실행방법 구체화 '어떻게 How' 할 것인가?

콘셉트 보드 작성 예시	
'왜 Why'	'무엇을 What'
• 고령자가 병원 구조나 절차를 이해하지 못해 길을 잃거나 불안감을 느끼는 문제 • 대기 시간 정보 부족으로 인한 혼란과 스트레스 해소 • 실시간 정보 제공으로 심리적 안정감과 신뢰성 확보 • 병원 내 자율 이동과 대기 시간 단축 실현	**"줄 서지 않는 병원"** • 고령 환자들이 병원에 도착했을 때 대기 없이 안내와 진료를 받을 수 있도록 돕는 실시간 정보 안내 시스템 제공 • 복잡한 대기 시스템과 정보 부족 문제를 해소하여 병원 이용 경험 개선
'누가 Who', '언제 When', '어디서 Where'	'어떻게 How'
• 누가: 디지털 기기에 익숙하지 않은 70대 고령 환자 • 언제: 사전 예약 없이 병원을 방문했을 때 • 어디서: 병원 로비의 키오스크 및 개인 휴대폰을 통해 정보 확인 및 안내 이용	• 병원 입구 키오스크에서 환자가 도우미의 도움을 받아 간단한 정보를 입력하면, 모바일 앱과 연동되어 실시간 대기 현황과 진료 위치를 자동 알림 받음 • 고령 환자도 쉽게 이해할 수 있도록 시각 중심의 UI로 구성

예를 들어 고령 환자는 병원 구조나 절차를 잘 이해하지 못해 길을 잃거나 진료 흐름을 놓칠 수 있고 대기 시간 정보를 알지 못해 불안과 스트레스를 겪기 쉽다. '줄 서지 않는 병원' 솔루션은 실시간 안내 시스템을 제공해 이러한 문제를 완화하고, 정보 부족으로 인한 혼란과 심리적 부담을 줄여준다.

이처럼 솔루션 콘셉트 보드는 "무엇을 할 것인가?"→"어떻게 실행할 것인가?" → "누가·언제·어디서 사용할 것인가?"→"왜 필요한가?"의 흐름에 따라 논리적으로 구성해야 하며, 각 항목은 하나의 사용자 시나리오를 중심으로 유기적으로 연결되어야 한다.

이를 통해 팀원, 이해관계자, 개발자 등 다양한 참여자에게 솔루션의 목적과 가치, 실행 방식, 사용 맥락, 해결 과제를 명료하게 전달하고, 후속 설계와 구현 단계에서 일관된 방향성을 유지할 출발점을 마련할 수 있다.

서비스 청사진: 서비스 미리보기

'서비스 청사진Service Blueprint'은 서비스디자인의 핵심 도구로, 건축 설계 도면과 유사한 개념이다. 주로 솔루션을 실제 서비스로 구체화하는 초기 설계 단계에서 활용되지만, 운영·개선 단계에서도 유용하다. 목적은 사용자 경험을 중심으로 서비스 흐름을 시각화하고 분석하는 데 있으며, 필요에 따라 고객 행동, 프런트스테이지·백스테이지 활동, 지원 프로세스, 물리적 증거 등의 요소를 한 화면에 배치해 본다.

이를 통해 사용자, 서비스 제공자, 내부 운영 조직 간의 상호작용을 구조적으로 파악하고 서비스가 어떻게 작동하는지를 한눈에 파악할 수 있다. 또한 사용자 접점에서 발생할 수 있는 문제를 미리 예측해 원활한 서비스 운영을 원활하게 한다.

서비스는 무형성, 이질성, 동시성, 소멸성과 같은 특성 때문에 외부 환경 변화와 고객 반응에 민감하다. 따라서 복잡한 운영 구조를 시각적으로 분해하여 문제 원인을 초기에 식별하고 품질을 일관되게 유지·관리하는 것이 중요하다.

서비스 청사진은 보통 다섯 가지 요소로 이루어진다. '사용자 행위Customer Activity'는 제품이나 서비스를 이용하는 과정에서 사용자가 수행하는 행동과 의사결정을 의미한다. '접점 행위On Stage Activity'는 사용자가 직접 인지할 수 있는 서비스 제공자의 활동을 나타낸

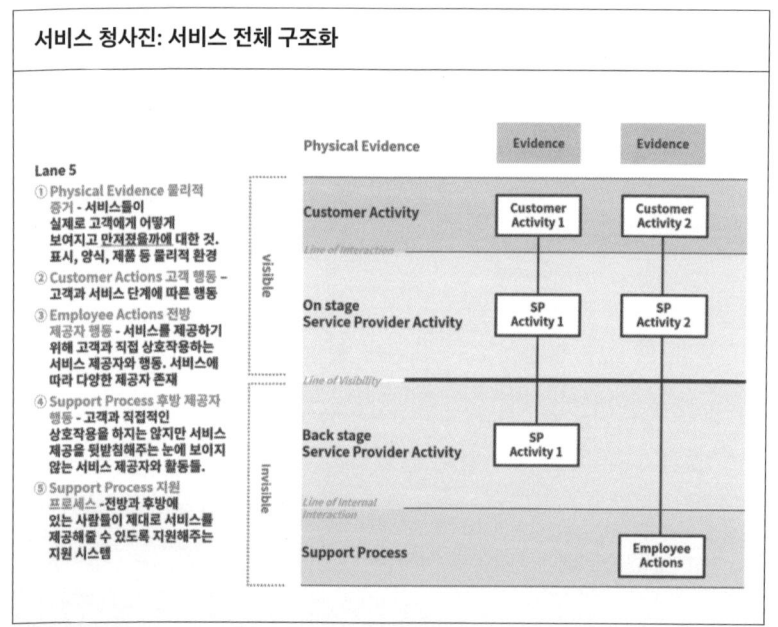

4장 ◦ 사회적 디자인

다. '비접점 행위Back Stage Activity'는 사용자에게는 보이지 않지만 서비스를 제공하기 위해 행하는 내부 작업과 지원 활동을 가리킨다. '지원 프로세스Support Process'는 서비스 제공을 뒷받침하는 시스템, 인프라, 그리고 타 부서와의 협력 과정을 포함한다. '물리적 증거 Physical Evidence'는 각 단계에서 사용자가 접하는 실물 자료나 시각 요소로, 예를 들어 앱 화면, 영수증, 안내 표지 등이 해당된다.

서비스 청사진은 작성 과정에서 서비스의 범위와 목표를 정하고 사용자 여정을 도출한 뒤, 사용자 행위·접점 행위·비접점 행위·지원 프로세스를 층위별로 구분한다. 그리고 각 단계별 물리적 증거를 연결한 다음, 병목 현상이나 품질 저하 가능 지점을 분석해 개선 기회를 찾는다.

이를 통해 서비스 실행 직전에 콘셉트의 실행 가능성을 점검하고, 개선 전후의 상황을 비교해 변화의 효과를 검증할 수 있다. 또한 서비스 과정의 병목 구간, 고객 불만 발생 지점, 내부 자원 낭비를 미연에 방지한다.

더 나아가 서비스 청사진은 시각적 자료로서 이해관계자 간 관점 조율과 부서 간 협력 촉진, 그리고 의사결정권자를 설득하는 근거 자료로 활용되어 서비스 품질 향상과 운영 효율성 제고에 중요한 역할을 한다.

특히 디지털 전환이 가속화된 오늘날에는 오프라인은 물론 앱·웹·챗봇 등 다양한 채널 설계에도 폭넓게 적용되고 있다. 서비스 청사진은 고령층의 디지털 접근성을 높이고 행정·복지 서비스의 전달 과정을 개선하며 환경·교통과 같은 복잡한 사회 문제를 해결하는 체계적 설계 도구로 쓰일 수 있다.

서비스 청사진 예시

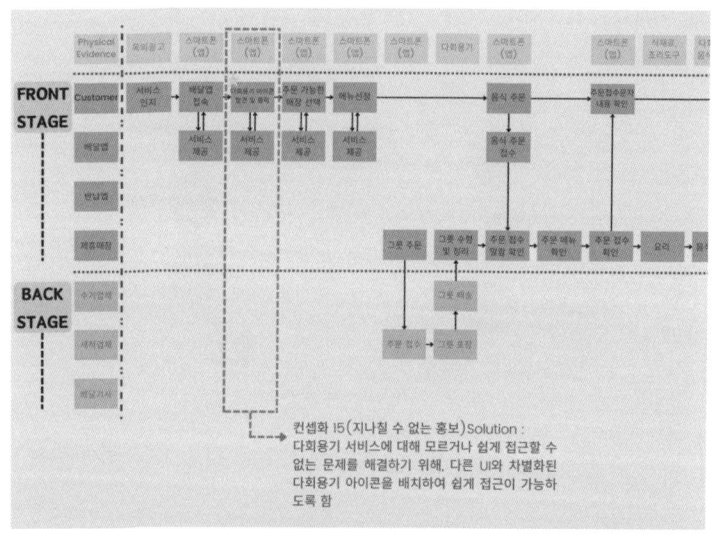

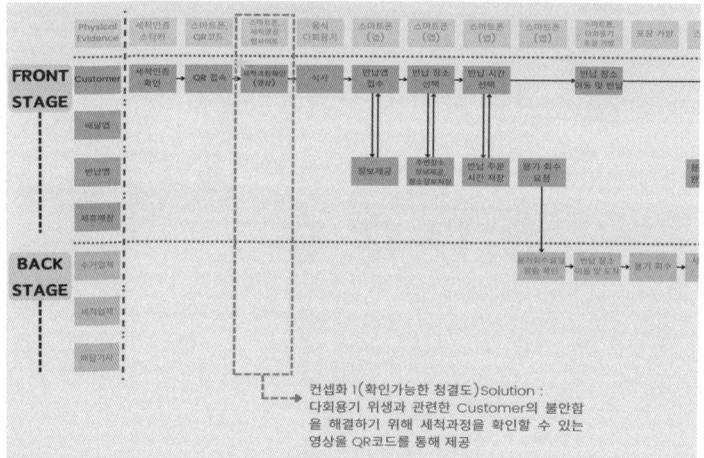

이 서비스 청사진은 성균관대학교 대학원생들이 실습 주제로 설계한 것으로, 다회용기 회수부터 세척, 재사용까지의 전 과정을 구조화했다. 효율적인 순환 생태계를 운영하기 위한 서비스 흐름과 핵심 요소들이 잘 드러나 있다.

서비스 청사진을 활용한 매뉴얼 예시

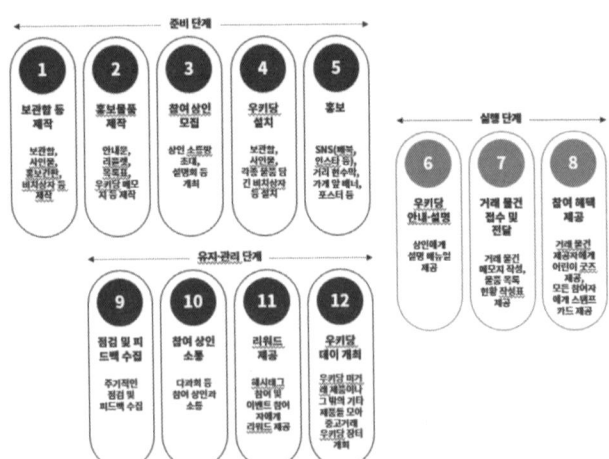

서비스 청사진을 통해 사업의 전체 흐름을 시각화하고, 이해관계자의 역할과 실행 절차를 명확히 함으로써 실질적이고 체계적인 운영 매뉴얼을 구축할 수 있다. 이로 인해 사업의 실행력은 물론, 다양한 이해관계자 간 협업과 운영 효율도 함께 높아진다.

비즈니스 모델 혁신: 가치 정의하기

대한민국에 거주하는 사람이라면 누구나 한 번쯤 '당근마켓'을 통해 중고 물품을 거래해본 경험이 있을 것이다.

당근마켓은 2015년 한 회사의 사내 중고거래로 시작되었다. 처음에는 사내 이메일 인증을 통해 직원들끼리만 거래가 가능했지만, 거래가 활발해지고 입소문이 퍼지면서 지역 주민들로부터 참여 요청이 이어졌다. 이에 인증 방식을 동네 인증 시스템으로 전환하고 서비스를 외부로 확대하면서 서비스 명칭도 '당신 근처의 마켓'이라는 의미를 담아 '당근마켓'으로 변경했다. 이렇게 직장 중심의 폐쇄된 거래에서 지역 주민을 중심으로 한 위치 기반 직거래 플랫폼으로 확장하면서 이용자 수가 빠르게 증가했다.

출시 당시에는 전국 단위의 중고거래 플랫폼이 이미 존재했다. 그러나 기존 서비스는 개인 간 물건을 주고받는 과정에서 '벽돌 택배'와 같은 택배 사기 사례가 빈번하게 발생하며 사용자들 사이에 불안감과 불신이 커졌다. 이런 상황에서 당근마켓은 동네 이웃과 직접 만나 물건을 주고받는 구조로 비교적 높은 신뢰를 형성할 수 있었다. 택배 포장·발송의 번거로움과 시간 지연 문제도 줄였다. 또한 수수료가 없는 중고 직거래라는 점도 사용자에게 큰 매력으로 작용했다.

이처럼 당근마켓은 지역성, 신뢰성, 편의성이라는 가치를 앞세워 기존의 전국 단위 중고거래 플랫폼과 차별화하는 데 성공했다. 더불어 중고거래에 그치지 않고 지역 소식, 재능 거래, 무료 나눔 등 지역 커뮤니티 기능을 확대하며 사용자의 일상 속으로 깊숙이 스며들었다.

이 사례는 서비스의 성공이 선진 기술 보유나 시장 선점보다 사용자가 느끼는 경험의 질과 신뢰를 구축하는 과정을 중심에 두고 비즈니스 모델을 혁신할 때 그 경쟁력이 한층 강력하게 발휘될 수 있음을 보여준다.

넷플릭스Netflix 역시 사용자 경험을 기반으로 비즈니스 모델을 혁신한 대표적 사례다. 1997년 미국 캘리포니아에서 소규모 비디오·DVD 대여 서비스로 출발한 넷플릭스는 곧 DVD 우편 대여 서비스를 도입해 전국 단위로 확장하며 사용자 편의성을 획기적으로 개선했다. 사용자는 선불 반납 봉투가 동봉된 패키지를 통해 집에서도 손쉽게 영화를 즐길 수 있었다.

이후 넷플릭스는 기술과 소비 행태의 흐름에 맞춰 스트리밍 서비스를 도입함으로써 물리적 매체에서 디지털 콘텐츠로 전환했다. 동시에 방대한 시청 데이터와 알고리즘을 활용해 개인 맞춤형 콘텐츠 추천 기능을 강화하여 사용자가 원하는 콘텐츠를 빠르게 찾을 수 있도록 했다.

이러한 변화로 넷플릭스는 영상 대여 서비스 외에도 자체 제작한 오리지널 시리즈와 영화까지 제공하는 글로벌 종합 콘텐츠 플랫폼으로 성장했다. 달라지는 사용자 요구와 기술 환경에 능동적으로 대응하며 서비스 방식뿐 아니라 콘텐츠 기획·제공 전반에서 끊임없이 비즈니스 모델을 혁신해 온 대표 사례로 평가된다.

이 밖에도 제품과 통합된 사용자 경험을 제공하는 애플Apple, 플랫폼 기반의 비즈니스 모델로 산업 구조를 재편성한 우버Uber, 에어비앤비, 당근마켓, 그리고 공유경제의 대표 사례인 위워크WeWork, 금융 포용을 확대해 혁신을 이끈 그라민은행 등은 모두 기존 산업을 재해석하고 사용자 중심의 가치를 제안하며 시장을 선도해 왔다.

이들의 공통점은 고객 경험을 혁신하고 비즈니스 모델을 지속적으로 발전시켜 새로운 가치와 시장을 창출했다는 점이다. 이는 오늘날 제품·서비스 개발자나 혁신 전략가들에게 의미 있는 시사점을 제공한다.

그러나 여전히 많은 스타트업start-up과 일부 기업들은 명확한 비즈니스 모델Business Model: BM 없이 제품·서비스 개발에만 전념하는 경향이 있다. 이들 대부분은 자체 기술력이나 아이디어에만 몰두한 나머지 사용자 니즈와 시장 논리에 대한 이해가 부족하고 그 중요성도 간과하고는 한다. 그 결과 조직 내부에서 가치관의 공유와 비즈니스 방향성이 확립되지 않아, 구성원들이 자신이 해야 할 일과 하지 말아야 할 일을 분명하게 구분하지 못하는 상황이 발생한다. 심지어 외부 이해관계자에게 자사의 정체성과 운영 방식을 명쾌하게 설명하지 못하는 경우도 적지 않다.

사용자 경험 가치가 정의된 비즈니스를 구축하려면 비즈니스를 이루는 요소들이 보다 구체적으로 정의되고 설명되어야 한다. 실제로 비즈니스 모델 혁신에 성공한 기업들은 무엇이 가치를 창출하고, 어떻게 수익을 확보하며, 이를 뒷받침하는 활동은 무엇인지를 정확하게 이해하고 있다.

이러한 비즈니스 구조를 체계적으로 이해하고 설계하기 위한 대표적인 도구가 '비즈니스 모델 캔버스Business Model Canvas: BMC'이다. BMC는 2010년 알렉산더 오스터왈더와 예스 피그누어Alexander Osterwalder & Yves Pigneur가 함께 저술한 『비즈니스 모델의 탄생Business Model Generation: A Handbook for Visionaries, Game Changers, and Challengers』에서 널리 알려졌다. BMC는 '비즈니스 모델' 개념을 시각적으로 단순화해 전략적으로 분석·설계할 수 있도록 만든 프레임워크이다.

BMC는 한 장의 도표에 9개의 블록을 배치해, 비즈니스가 누구에게Customer, 어떤 가치를What, 어떻게How, 그리고 어디에서Where 전달하는지를 제시한다. 이 구조에서 우측의 다섯 가지 요소는 가치가 전달되는 대상과 방식을 설명하고, 좌측의 네 가지 요소는 그 가치를 어떻게How 창출하는지와 이를 실현하기 위해 필요한 자원과 활동, 그리고 외부 협력 관계가 무엇인지를 보여준다.

우측에는 제품과 서비스의 핵심 타깃을 정의하는 고객 세그먼트Customer Segments, 고객에게 제공하는 차별화된 가치를 규정하는 가치 제안Value Propositions, 제품·서비스가 고객에게 전달되는 경로를 의미하는 채널Channels, 고객과의 관계를 형성하고 유지하는 방식인 고객 관계Customer Relationships, 그리고 이러한 과정을 통해 수익을 창출하는 수익 흐름Revenue Streams이 포함된다.

좌측에는 가치 창출에 필요한 인적·물적 자원을 의미하는 핵심 자원Key Resources, 비즈니스 운영을 위해 수행해야 할 주요 활동을 나타내는 핵심 활동Key Activities, 운영과 가치 창출을 지원하는 외부 협력 관계인 핵심 파트너십Key Partnerships, 그리고 모든 활동과 운영에 수반되는 비용 구조Cost Structure가 배치된다.

BMC는 이 9개 요소를 활용해 비즈니스 모델의 가치 창출 논리를 한눈에 시각화하고, 각 요소 간 유기적 연결 관계를 파악할 수 있게 한다. 이를 통해 내부적으로는 구성원 간 공감대를 형성하고 실행 방향을 공유하며, 외부적으로는 협력 파트너에게 기업 운영 방식과 성장 가능성을 효과적으로 전달할 수 있다.

이 특성 덕분에 BMC는 제품·서비스의 콘셉트를 직관적이면서도 설득력 있게 표현할 수 있으며, 지속 가능한 성장을 목표로 하는 기업의 필수적인 전략 도구로 널리 사용된다.

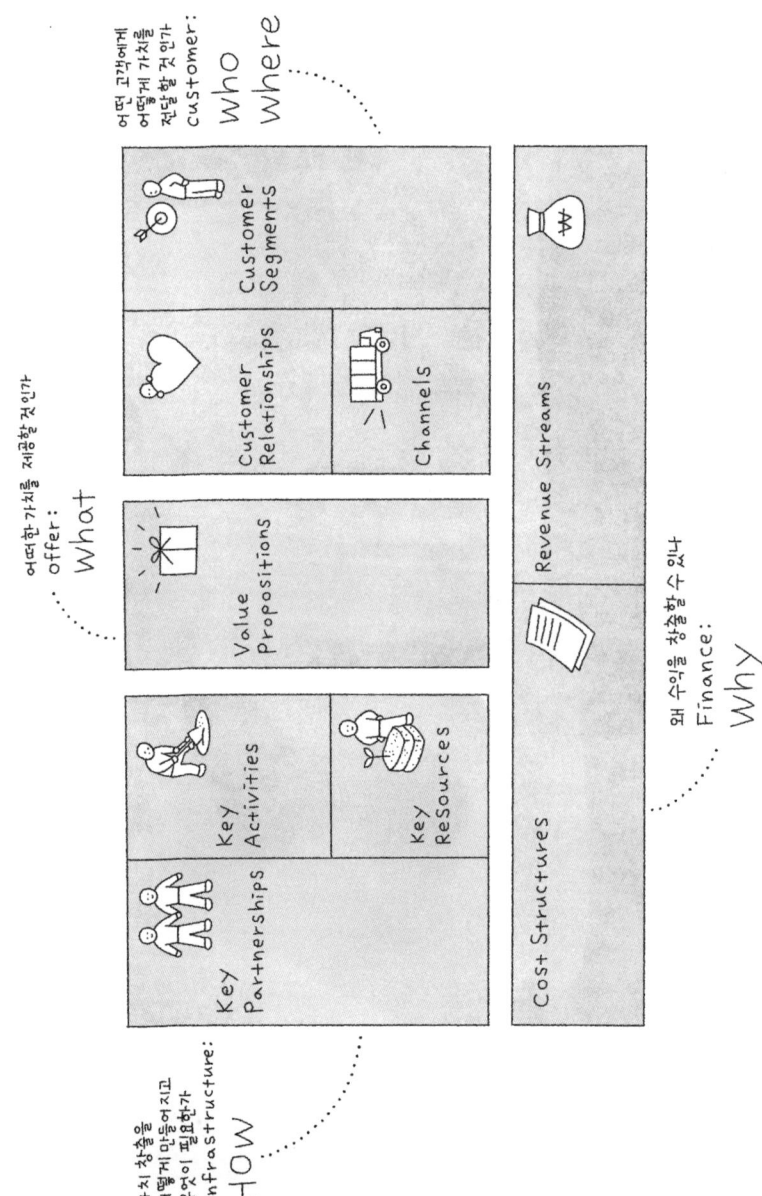

4장 ○ 사회적 디자인

현대 경영학의 아버지로 불리는 피터 드러커Peter F. Drucker, 1909~2005는 기업의 성패를 좌우하는 근본적인 질문을 던졌다.

"고객은 누구인가?", "고객이 진정으로 가치 있게 여기는 것은 무엇인가?", "고객이 우리 제품이나 서비스를 선택하는 이유는 무엇인가?", "우리가 가진 차별화된 경쟁력은 무엇이며, 이것이 시장의 어떤 문제를 해결하는가?"

이 네 가지 질문은 조직이 존재하는 이유와 비즈니스의 본질적 목적을 되묻는 전략적 사고의 출발점이다. 드러커는 이 질문들을 통해 경영자와 조직이 시장, 고객, 그리고 자신의 가치를 스스로 명확하게 정의할 것을 강조한다.

비즈니스 모델 캔버스가 제시하는 핵심 구성 요소들은 이러한 드러커의 통찰과 본질적으로 연결된다. BMC는 고객 중심 사고를 기반으로 가치 제안을 명확히 정의하고, 경쟁 우위를 확보하기 위해 필요한 자원과 활동, 그리고 이를 뒷받침하는 수익 구조를 설계하도록 돕는다. 이는 곧 '누구에게, 어떤 가치를, 어떻게' 전달할지를 구체적이고 구조적으로 설계하는 과정이며 드러커가 강조한 경영의 핵심 질문에 대한 체계적인 답변이기도 하다.

이 접근법은 기업뿐 아니라 사회 문제 해결과 공익적 가치 창출을 함께 추구하는 사회혁신 조직에도 동일하게 적용된다. 사회적경제 조직이나 소셜 임팩트 기반의 스타트업은 선의와 명분만으로는 지속 가능한 성장을 담보할 수 없으므로 수혜자 정의, 가치 제안, 전달 방식, 재무 구조를 명료하게 설계해야 한다.

예컨대 취약 계층의 일자리 창출을 목적으로 설립된 조직도 '좋은 일'이라는 명분만으로는 지속 가능성을 확보하기 어렵다. 어떤 계층을 수혜자로 정의할지, 그들에게 제공할 가치의 형태와 전달 방식을 구체적으로 디자인해야 한다. 그래야만 제한된 자원 속에서도 사회적 가치와 경제적 성과를 동시에 높일 수 있다.

따라서 사회적 가치와 경제적 지속 가능성을 통합적으로 달성하려면 드러커가 조언한 질문과 통찰을 전략적 사고의 출발점이자 설계 원칙으로 삼아야 한다. 기업이든 사회혁신 조직이든, 변화하는 시장 환경에서 자신의 존재 이유와 핵심 가치를 잃지 않고 지속 가능한 임팩트를 실현하는 데 든든한 나침반이 되어줄 것이다.

에필로그:
사회문제, 모의 평가하기

어떤 제품이나 서비스를 이용하다 보면 콘셉트도 좋고 기능도 훌륭한데, 막상 사용하는 과정에서 어딘가 모르게 어색하거나 불편하게 느껴질 때가 있다. 이는 사용자 관점에서의 사용성 테스트가 부족했기 때문이며, 특히 프로토타입prototype 과정을 충분히 거치지 않았을 가능성이 크다.

머릿속으로 구상하는 아이디어와 실제 사용자 경험 사이에는 늘 오차가 존재한다. 인지심리학자이자 디자인 이론가로서 사용자 중심 디자인 개념을 대중화한 도널드 노먼Donald Norman은 디자이너의 의도와 사용자의 실제 경험 사이에는 언제나 '간극gulf'이 존재한다고 말했다. 그의 저서 『일상 사물의 디자인The Design of Everyday Things』에서 사용자가 시스템과 상호작용할 때 발생하는 두 가지 주요 간극을 제시했다.

첫 번째는 '실행의 간극Gulf of Execution'으로, 사용자가 달성하고자 하는 목표를 실제 행동으로 옮기는 과정에서 발생하는 차이를 의미한다. 사용자가 자신이 무엇을 어떻게 해야 하는지 이해하지 못하거나, 제품·서비스가 그 행동을 자연스럽게 유도하지 못할 때 나타난다.

두 번째는 '평가의 간극Gulf of Evaluation'으로 사용자가 자신의 행동 결과를 해석하고 판단하는 과정에서 겪는 어려움이다. 예를 들어 버튼을 눌렀는데도 아무 변화가 보이지 않으면 사용자는 자신의 행동이 반영되었는지 확신할 수 없다.

이 두 간극은 사용자의 실수라기보다 디자이너가 의도한 사용 방식과 사용자가 실제로 받아들이는 방식 사이의 인지적 차이에서 비롯된다. 이는 제품·서비스의 사용성을 떨어뜨리는 주요 요인이 되기도 한다. 특히 복잡한 디지털 환경이나 다단계 서비스 구조에서는 문제가 더 심화되어 사용자 이탈이나 부정적인 평가로 이어질 수 있다.

따라서 실행과 평가의 간극을 줄이려면 초기 단계부터 사용자의 실제 경험을 관찰·분석하고, 그 결과를 바탕으로 지속적으로 개선해야 한다. 이때 필요한 접근법이 바로 프로토타이핑Prototyping과 반복적 피드백이다.

프로토타이핑은 초기 아이디어를 실제처럼 구현해보는 과정으로, 사용자가 어떻게 인식하고 행동하는지를 빠르게 검증할 수 있는 기회. 이를 통해 제품·서비스가 사용자의 기대와 일치하는지 점검하고, 문제점을 조기에 발견하여 수정할 수 있다. 반복적인 테스트와 개선의 순환은 실행과 평가의 간극을 효과적으로 줄이는 방법이며, 제품·서비스의 직관성, 신뢰성, 만족도를 높이는 데 큰 도움이 된다.

최근 많은 스타트업과 신생 기업들은 '린 스타트업Lean Startup' 방식을 적극 활용하고 있다. 이 방법론에서는 신제품 개발 초기 단계에서 아이디어가 도출되면 불필요한 기능은 과감히 배제하고, 핵심 기능으로만 구성한 최소 기능 제품Minimum Viable Product: MVP을 가능한 한 먼저 제작한다.

　MVP는 핵심 기능을 시장에 조기 노출하여 사용자 반응을 빠르게 검증하고, 이를 토대로 개선점을 찾아 반복적으로 보완하는 방식이다. 이러한 접근은 '구축Build → 측정Measure → 학습Learn'의 순환 프로세스를 거쳐 위험과 실패를 최소화하는 데 유용하다. 드롭박스Dropbox, 에어비앤비Airbnb, 우버Uber 등은 초기 단계에서 MVP를 활용해 가설을 검증한 사례로 자주 언급된다.

　프로토타입 제작 방식은 목적과 상황에 따라 다양하게 선택할 수 있다. 제품의 외관 형태를 실제처럼 구현하고 확인하는 '목업mock-up', 아이디어를 간단히 확인하는 차원에서 손으로 그리거나 종이로 만들어보는 '페이퍼 프로토타입Paper Prototype', 역할극을 통해 서비스 이용 상황을 재현해 상호작용을 탐색하는 '역할극role play', 웹 화면의 구조를 단순화해 표현하고 기능을 검증하는 '와이어프레임Wireframe', 그리고 실제 운영 환경에서 부분적으로 테스트를 진행하는 '실환경 실험Live Prototyping' 등이 대표적이다. 이처럼 다양한 방식의 프로토타이핑 기법은 솔루션 콘셉트를 조기에 검증하고 리스크를 최소화하는 데 그 목적이 있다.

　프로토타이핑에서 중요한 것은 높은 완성도를 추구하기보다 제한된 시간과 자원으로 실제 사용자 반응을 관찰해 인사이트를 극대화하는 일이다. 초기 단계의 지나치게 정교한 시각·동작 구현은 겉보기에는 그럴듯하지만 오히려 실험 속도를 늦추고, 핵심 가설을 빠르게 검증할 기회를 빼앗을 수 있다. 프로토타이핑은 완제품 제작이 아니라 개선 방향을 모색하기 위한 모의 평가로 이해해야 한다.

　이 과정은 문제를 재정의하고 사용자 중심의 해결책을 탐색해 온 여정을, 실제 사용자 경험과 연결하는 실행 단계에 해당한다. 아이디어가 실제 환경에서 어떻게 작동하는지 반복적으로 시뮬레이션하면서 개선점과 한계를 초기에 발견하고 수정할 수 있다.

무엇보다 중요한 것은 사용자와 맥락에 집중하는 태도를 유지하는 것이다. 실패를 두려워하기보다는 실패를 통해 배우고 성장하려는 실험 정신이야말로 프로토타이핑의 본질이다.

사용자 중심의 태도와 관점은 결국 제품·서비스가 인간의 삶과 사회 전반에 지속적이고 긍정적인 변화를 일으키게 한다. 이것은 곧 인간 중심 디자인의 실천이며 사회혁신 서비스디자인이 지향해야 할 궁극적 목표다.

그 목표를 향한 여정은 '완성'이 아니라, 세상을 주의 깊게 관찰하고 용기 있게 실험하며 더 나은 방향으로 끊임없이 다듬어가는 반복 과정이다. 그 길 위에서 우리는 변화를 만들고 또 그 변화가 다시 우리와 사회를 새롭게 빚어갈 것이다.

미주

1) 김기태 외, 「사회통합의 또 다른 시각: 이주민이 인식한 한국 사회의 수용성」, 한국보건사회연구원, 2021.
2) 정서화, 「사회혁신의 이론적 고찰 : 개념의 유형화와 함의」, 《기술혁신학회지》 제20권 4호, 기술혁신학회, 2017. 12.
3) 서지희 기자, "지식서비스, 서비스수출 견인…성장 위해 과감한 규제 완화 필요", 《이투데이》, 2025. 3. 20. (https://news.nate.com/view/20250320n17260?utm)
4) 한국무역협회, "한은, 제조업 중심 한국 수출, 서비스 비중 늘려야", 2024. 9. 27. (https://www.kita.net/board/totalTradeNews/totalTradeNewsDetail.do?no=86632&siteId=1&u tm)
5) KIEP(대외경제정책연구원), 「제조업의 서비스화의 수출경쟁력 제고 효과 연구」, 《정책연구브리핑》 22-11, 2022. 6. 22.
6) 양지원, 강내영, 「제조업의 미래 II, 제조업의 서비스화 사례와 우리 기업의 혁신 전략」, 《TRADE BRIEF》, No. 19, 한국무역협회, 2022, 3쪽.
7) 유석환, 「서비스 블루프린트 모형을 이용한 인스토어 미디어 경험의 시각적 방법 연구」, 공간디자인학회, 2017.
8) 김영정, 「서비스 공급사슬구조에 대한 탐색적 연구: 서비스 사이언스의 서비스 지배논리적 접근」, 《Korean Management Review》, Vol. 50, Issue 4, 2021. 8., 1159~1183쪽.
9) 최은미, 「제조업의 서비스화 지원 컨설팅 프레임워크로서의 4E 모델 연구」, 국민대학교 테크노디자인대학원 박사학위논문, 2017.
10) 미래창조과학부 미래준비위원회, 미래전략보고서 「10년 후 대한민국 4차 산업혁명 시대의 생산과 소비」, 2017.
11) 고우리 외 2명, 「제조 기업의 서비스화가 기업 가치에 미치는 영향에 관한 연구: 장기적 영향을 중심으로」, 《한국IT서비스학회지》 제11권 제2호, 한국IT서비스학회, 2012.
12) 박정희, 「제조업 서비스화 현황 및 시사점」, 한국기술혁신학회, 2019.
13) 양지원, 강내영, 「제조업의 미래 II, 제조업의 서비스화 사례와 우리 기업의 혁신 전략」, 《TRADE BRIEF》, No. 19, 한국무역협회, 2022, 3쪽.
14) 김광재 외 8명, 「제품·서비스 통합 시스템: 현황 및 연구 방향」, 《대한산업공학회지》 제37권 제3호, 2011. 9.
15) 최은미, 「제조업의 서비스화 지원 컨설팅 프레임워크로서의 4E 모델 연구」, 국민대학교 일반대학원 경영학과 박사학위논문, 2018.
16) 이정선, 「서비스 본질 특성의 경영혁신 영향 연구: 중소제조 기업을 중심으로」, 국민대학교 일반대학원 경영학과 박사학위논문, 2018.
17) James A. Fitzsimmons & Mona J. Fitzsimmons 지음, 서비스경영연구회 편역, 「서비스 경영」, 한경사, 2002.
18) Lorna Prescott, Why Use Design in the Public Sector?, CoLab Dudley, Medium, 2014. (https://medium.com/colab-dudley/why-

use-design-in-the-public-sector- 677640bdad3f)
19) C. K. 프라할라드, 벤카트 라마스와미, 『경쟁의 미래』, 세종서적, 2004.
20) 제임스 캘박, 『제품과 서비스 넘어, 경험을 매핑하라』, 프리렉, 2016.
21) 그로우앤베터, "2022년에 알아야 할 37가지 고객 경험 통계들", SuperOffice, 2022. 3. 18. (https://www.grownbetter.com/article/44)
22) 김지연 기자, "고객 경험 우수한 기업이 매출 54% 더 많다…금융사, 고객접점 늘려야", 《연합인포맥스》, 2021. 10. 7. (https://news.einfomax.co.kr/news/ articleView.html?idxno=4170468)
23) 김민서 외 3명, 「신기술에 대한 지각된 혁신 장벽과 혁신저항 : 제품 속성의 혁신저항 조정 가능성을 중심으로」, 《경영교육연구》 제33권 제6호, 한국경영교육학회, 2018. 12., 493~511쪽.
24) Griffin, A., & Hauser, J. R. (1993). The Voice of the Customer. Marketing Science, 12(1), 1-27.
25) 조창규, 『디자인 리서치 툴북』, 까치수염, 2019.
26) 안병대 외, 「동기위생이론에 근거한 직무만족 및 불만족요인에 관한 연구」, 《경영과 정보연구》 제41권 제1호, 대한경영정보학회, 2022.

참고 자료 및 문헌

- 양지원, 강내영, 「제조업의 미래 II, 제조업의 서비스화 사례와 우리 기업의 혁신 전략」, 《TRADE BRIEF》, No. 19, 한국무역협회, 2022.
- 손주연, 이찬구, 「기술혁신과 사회혁신의 접점: 사회혁신의 개념 탐색과 제안」, 《기술혁신학회지》 제24권 4호, 한국기술혁신학회, 2021. 8. 821~844쪽.
- 에치오 만치니 지음, 조은지 옮김, 『모두가 디자인하는 시대』, 안그라픽스, 2016.
- IDEO.org 지음, 이명호 외 옮김, 『IDEO 인간 중심 디자인툴킷』, 에딧더월드, 2014.
- 제프 멀건 지음, 김영수 옮김, 『사회혁신이란 무엇이며, 왜 필요하며, 어떻게 추진하는가』, 희망제작소 기획, 시대의창, 2013.
- 진 리드카 외 지음, 유엑스리뷰 리서치랩 옮김, 『디자인은 어떻게 사회를 바꾸는가: 모두를 위한 서비스디자인 씽킹』, 유엑스리뷰, 2021.
- 알렉산더 오스터왈더, 예스 피그누어 지음, 유효상 옮김, 『비즈니스 모델의 탄생』, 비즈니스북스, 2021.
- 도널드 A. 노먼 지음, 범어디자인연구소 옮김, 『도널드 로먼의 디자인 심리학』, 유엑스리뷰, 2018.
- 도널드 A. 노먼 지음, 김보미 옮김, 『인류를 위한 디자인』, 유엑스리뷰, 2025.
- 이드리스 무티 지음, 현호영 옮김, 『하버드 디자인 씽킹 수업』, 유엑스리뷰, 2019.
- 조 히피 외 지음, 김수미 옮김, 『서비스 디자인 바이블』, 유엑스리뷰, 2019.
- 로저 마틴 지음, 현호영 옮김, 『디자인씽킹 바이블』, 유엑스리뷰, 2018.
- 벤 리즌 외 지음, 이상식 외 옮김, 『비즈니스를 위한 서비스디자인』, 호아출판사, 2017.
- 에릭 리스 지음, 이창수 외 옮김, 『린 스타트업』, 인사이트, 2012.
- 피터 머홀즈 외 지음, 김소영 옮김, 『사용자 경험에 미쳐라』, 한빛미디어, 2009.
- 제임스 H. 길모어, B. 조지프 파인 2세 지음, MX디자인랩 옮김, 『경험 경제: 경험을 비즈니스로 만드는 법』, 유엑스리뷰, 2021.
- 제임스 캘박, 『제품과 서비스 넘어, 경험을 매핑하라』, 프리렉, 2016.
- 이와사키 구니히코 지음, 이용택 옮김, 『작은 것이 큰 것을 뛰어넘는 마케팅 전략』, 시그마북스, 2013.
- 조셉 미첼리 지음, 범어디자인연구소 옮김, 『스타벅스 경험 마케팅』, 유엑스리뷰, 2018.
- 헤더 프레이저 지음, 주재우 외 옮김, 『디자인 웍스』, 이콘, 2017.
- 조셉 미첼리 지음, 김영정 옮김, 『에어비앤비, 브랜드 경험을 디자인하다』, 유엑스리뷰, 2020.
- 김진우 지음, 『서비스 경험 디자인』, 안그라픽스, 2017.

- 켄 플러머 지음, 이기홍 옮김, 『사회학의 기초』, 한울, 2017.
- 앤서니 엘리엇, 브라이언 터너 지음, 김정환 옮김, 『사회론: 구조, 연대, 창조』, 이학사, 2015.
- 헨리 조지 지음, 전강수 옮김, 『사회문제의 경제학』, 돌베개, 2013.
- 피터 N 밀러 지음, 박유선 외 옮김, 『리서치란 무엇인가?』, 플레인앤버티컬, 2024.
- 앤디 밀리건, 숀 스미스 지음, 이현주 옮김, 『리서치 보고서를 던져버려라』, 위즈덤하우스, 2006.
- 기우라 미키오 지음, 서하나 옮김, 윤재영 감수, 『디자인 리서치 교과서』, 안그라픽스, 2021.
- 스벤 브링크만 외 지음, 정승은 옮김, 『인터뷰: 질적연구 인터뷰 기법 배우기』, 하나의학사, 2019.
- 손민호, 조현영 지음, 『민속방법론: 현상학적 사회학과 질적 연구』, 학지사, 2014.
- 조영달 지음, 『질적 연구 방법론 : 학교와 수업 연구의 새 지평』, 근사, 2015.
- 조영식 지음, 『사회혁신과 디자인적 사고』, 밥북, 2021.
- 얀 칩체이스, 사이먼 슈타인하트 지음, 야나 마키에이라 옮김, 이주형 감수, 『관찰의 힘』, 위너스북, 2013.
- 댄 로암 지음, 정준희 옮김, 『생각을 SHOW하라』, 21세기북스, 2009.
- 숀 스미스 외 지음, 정우찬 옮김, 『브랜드 가치를 높이는 고객 경험』, 다리미디어, 2003.
- 존 웰런 지음, 안지희 옮김, 『뇌과학으로 고객 경험을 디자인하라』, 유엑스리뷰, 2023.
- James A. Fitzsimmons, Mona J. Fitzsimmons 지음, 서비스경영연구회 편역, 『글로벌 시대의 서비스 경영』, McGraw-Hill Korea, 2006.
- 마크 패턴 지음, 이하나 옮김, 『서비스 경영론』, 현학사, 2002.
- 이순철 지음, 『서비스기업의 경영 전략』, 삼성경제연구소, 1997.
- 샘 케이너 외 지음, 구기욱 옮김, 『민주적 결정방법론: 퍼실리테이션 가이드』, KOOFA BOOKs, 2017.
- 김용세 지음, 『비즈니스 이노베이션 서비스디자인』, 박영사, 2018.
- 김웅철 지음, 『초고령사회 일본에서 길을 찾다』, 페이퍼로드, 2017.
- 저우궈위안 지음, 차혜정 옮김, 『맥킨지 논리력 수업』, 미래의창, 2021.
- 도로시 리즈 지음, 노혜숙 옮김, 『질문의 7가지 힘』, 더난출판, 2022.